领导口才与实用技巧

王龙◎编著

国家一级出版社 中国纺织出版社 全国百佳图书出版单位

内容提要

优秀的领导者擅长用好口才进行管理，用春风化雨、温暖得体的语言感召下属，在“润物细无声”的口才里实现管理的良性循环。当然，好口才还给予了领导更多的领导魅力。

本书从领导口才实用性出发，通过口才原则、口才要素、应变口才、演讲口才、谈判口才、职场口才等方面阐述“如何练就领导好口才”这一终极命题。用大量的事例诠释了口才对领导者的重要性，并提供了行之有效的实用指导方法。

图书在版编目（CIP）数据

领导口才与实用技巧 / 王龙编著. --北京：中国纺织出版社，2019.7（2025.3 重印）
ISBN 978-7-5180-6162-4

Ⅰ.①领… Ⅱ.①王… Ⅲ.①领导学—口才学
Ⅳ.①C933.2

中国版本图书馆CIP数据核字（2019）第077492号

责任编辑：闫　星　　特约编辑：李　杨
责任校对：江思飞　　责任印制：储志伟

中国纺织出版社出版发行
地址：北京市朝阳区百子湾东里A407号楼　邮政编码：100124
销售电话：010—67004422　传真：010—87155801
http：//www.c-textilep.com
E-mail：faxing@c-textilep.com
中国纺织出版社天猫旗舰店
官方微博http://weibo.com/2119887771
三河市金兆印刷装订有限公司印刷　各地新华书店经销
2019年7月第1版　2025年3月第3次印刷
开本：880×1230　1/32　印张：6.5
字数：209千字　定价：69.80元

前言

现代社会，领导者不管是开会讲话、传达指令，还是社交应酬、职场演讲，都需要语言交流。有人曾说过这样一句话：领导力就是赢得下属的能力。当然，领导者需要引导和调动下属让其成为自己的追随者，而成功的沟通则是一种行之有效的手段。通过字字珠玑的口才，领导者才能将领导力传达给下属，从而赢得事业的成功。

在日常工作中，领导者往往是一个公司或团队中的核心人物，特殊的身份和职务决定了其必须具备较高的综合素质，而其中口才占据着重要的位置。领导者口才的优劣，直接决定着领导工作的绩效。

作为领导者，如果开会发言泛泛而谈，下属听得云里雾里；下达指令不清不楚，下属不知道自己到底该做什么；找下属谈话话不投机，反而激化矛盾。那么，领导力必然大打折扣。所以，对于一名领导者来说，需要不断提升自己的口才水平，即便在万众瞩目之下，身处职场、社交场合，也能够游刃有余地应对自如，这样才能让自己树立出色的形象和威信。

美国前总统尼克松曾说：“凡是我所认识的重要领袖

人物，几乎全都掌握一种正在失传的艺术，就是特别擅长与人作面对面的交谈。”可以说，领导即说服，领导力即说服力，而好口才是领导力的第一要素。古今中外，许多领导者都是能说会道的演说家。他们善于辞令，机智、雄辩，为自己的国家提高了国际地位和声望。那一次次铿锵有力的演说，极大地鼓舞了他们的追随者，形成万众齐心的共力。领导者所具备的好口才、高超的语言表达艺术，能创造出巨大的精神财富和物质财富。

当然，口才不是一种天赋的才能，更多的是靠后天刻苦训练得来的。即便是那些口若悬河、能言善辩的领导者，也无一不是靠刻苦训练而赢得的成功。当今社会，对领导口才能力的要求越来越重要，如何训练好口才，这本书可以给您最好的答案。

编著者

2018年12月

目录

第1章

领导者口才原则，语言得体有分寸

现如今，领导是团体的灵魂，是单位的骨干，其特殊位置决定了领导必须具有较高的综合素质。而这些综合素质中，口才无疑是重中之重。领导者口才的优劣，直接影响着管理工作绩效的高低和其在他人心中的形象。所以，为了取得事业上的成功和下属的信任，领导要么不开口，开口就一定要有原则。

说话准确，言语须谨慎

古人有云："人之所以为人者，言也。人而不能言，何以为人？"这句话充分说明了"讲话"的重要性。讲话的目的就是表达思想和情感，话不仅要讲出来，还要能让别人听懂，这才是最重要的。

讲话时，如果语言不准确，时常说一些模棱两可或含糊之语，就不能把想要表达的意思说清楚，更有可能不被听话者理解或接受，引起一些不必要的麻烦或误会。一个企业的领导，说话的时候更要谨慎，不能总说一些让人听不懂的话。说话的时候，最好先把自己要表达的意思确定下来，反复斟酌，然后用准确的语言表达出来，只有这样，才能让下属更好地接受或理解你的意图。

大家都知道，对于一个公司来说，人事上的变动经常会发生。对于一个高明的部门主管来说，一旦公司发生人事变动，他首先要做的就是通过自己的语言稳住留下来的员工。身为部门经理的张帆最近正为这事苦恼不断。

张帆作为一个部门的经理，手下管着8位员工。有一天，早晨刚上班，突然有3位员工一起提出辞职，这让张帆感到不安。于是，在那3位员工走后，张帆立即召集剩下的5名员工开会，并且对他们说："大家要努力啊，3位精明强干的同事走了，我们的前途堪忧啊！”

张帆的这句话无意中得罪了剩下的5名员工，在接下来的日子里，张帆的工作似乎更难开展了。

说实话，张帆并没有贬低剩下的5名员工的意思，可是由于他的表达不准确，瞬间就得罪了他们，若这些员工在日常工作中产生抵触情绪，那也只能怪张帆自己了。

一个说话准确的人，不但可以准确、流利地表达自己想要说的话，而且能够把话说得清楚、动听，使听众更加容易接受。因此，对于领导来说，面对员工说话的时候，应当尽量少说或者不说模棱两可的话，只有明确而清晰地把话说出来，才能准确、迅速地把你想要表达的信息传递给下属。

然而很多领导并不注意这一点，他们在给下属布置一些任务或者下命令的时候，总喜欢在之前加上类似于“也许”“可能”这样的字眼，常常让下属们感到无所适从。比如，有一位领导对下属说了这样一句话：“周末有一个会议，也许你应该去参加。”这样的语言就会让下属很纠结。到底是应该去还是不应该去呢？听领导的意思好像这个会议不是很重要，可以不去。可要是不去，万一是个重要的会议，因此耽误了事情，就得不偿失了。这个时候，下属更不可能去问：“也许，那我是应该去，还是不应该去呢？”这样问的话，说不定会得罪领导。

因此，领导在下达命令或者作决策的时候一定要准确无误，不能随心所欲，想说什么就说什么，一就是一，二就是二，来不得半点含糊。

很多领导都有过这样的体会：在给下属布置任务的时候，经常会无缘无故地遭到下属的抵触。究其原因，不是下属认为自己没有完成某项任务的能力，而是他们对领导说的话产生了质疑，因为领导布置任务时说得非常含糊。

小李是某家房地产公司的秘书，这一天，经理对她说：“小李啊，帮我打电话约一下张经理，约他下星期五来公司一趟。”小李马上联系了张经理，可张经理表示自己没有时间，过几天就要出差了，建议把约会改到明天。小李本想把张经理的建议向经理汇报一下，可是连着三天经理都请假休息了，她根本就没有机会提及。等到三天后经理上班的时候，小李把事情的原委告诉经理，然后再打电话联系张经理，可张经理此时已经在国外了。

经理得知后很生气，把小李批评了一顿。从此以后，小李在听经理说话时就有一些抵触心理。

小李是值得同情的，因为从头到尾她都没犯什么错误，问题的关键在于小李的领导下达命令不明确。当然，小李的经历也再次证明了，身为领导者，要让自己的命令不打折扣地执行下去，说话的时候就要把内容讲清楚。只有准确无误地表达你的意图，下属才能够很好地贯彻并执行你的命令。作为领导，如果你连所要讲的内容都讲不清楚，说话时总是模棱两可或含糊不清，那么，从语言素质来看，就不具备当领导的资格。

因此，作为领导，你在讲话的时候一定要明确讲话的目的是什么或者想要表达什么意思，应该先在脑子里有所思考，整理一下思路，然后再讲出来。最重要的是，无论你想要表达什么意思，都不要用模棱两可或让人产生歧义的语言。否则，它会成为你与下属沟通时的主要障碍，久而久之，甚至会影响到你的前途。

言语靠谱，一诺值千金

俗话说“君子一言，驷马难追”“言必信，行必果”，这是做人的学问，人无信不立。一个国家，一个单位，一个企业，没有信用就难以生存和发展。领导靠信义树立起来的权威，基础更牢固，更有持久性。晋朝的文学家傅玄在谈到信用时说：“以信待人，不信思信；不信待人，倍思不信。”以诚信待人，人必诚信；以欺诈待人，人必欺诈。由此可见，一个领导者要想树立自己的成功形象，增强自己的影响力，在做人方面就要“以信为本”，在说话方面，更要“以信为本”。

领导者说话时要“以信为本”，主要指的是：领导者每天都要面对属于自己的群体或团队，要经常发号召、下指示、作总结，为实现领导目标统一思想、理顺情绪、鼓舞士气、总结经验……而无论何时，领导者说话都要得体，要摆正自身的位置，讲话时要一是一二是二，坚决果断，绝对靠谱。

在生活中，常有一些人喜欢顺口答应别人事情，而事实上却无法做到，这就叫作“说话不靠谱”。领导尤其要避免这一点。有很多刚刚上任的领导，由于过分相信自己的实力，喜欢轻易答应下属：“……过些时候我就给你办。”最后往往兑现不了诺言。这样就很容易给下属留下一个“不守信用”的印象。因此，对于一个领导者来说，“饭可以乱吃，不靠谱的话不能乱讲”，一是因为它有失章法，二是因为它失信于人。

郝先生是一位年轻的外贸公司地区市场负责人，他很想解决分公司销售方面的问题，于是向销售部门提出种种计划。他每次出差到总公司时，都要向销售科长说：“我那边的产品A销售不佳，要求减少该产品的供应量。”“目前我那里产品B销量增加，应该增加货源。”“顾客普遍要求送货上门，我们是否考虑开展此项业务，既方便顾客又能保持客源。”每次他提出这些问题时，销售科长都回答他说：“是这样啊！好的，我晓得了，我可以考虑一下。”或者：“我可以和上级商量一下，以后再说好了。”就这样，总是不能给他一个明确的答复。

两个月很快就过去了，而销售变动的只有申请中提到的那些事而已，口头的汇报和要求并没有得到答复。郝先生想尽了办法，通过厂长向总公司的常务董事提出报告。常务董事听后说：“原来是这样，我晓得了。我会好好安排，让销售科长去办理此事。”郝先生从常务董事那里听到此消息后，非常高兴，以为销售问题即将解决，遂告诉员工和顾客，问题很快就会得到解决，只是时间的问题。

又过了三个月，依旧毫无动静；到了第六个月，才有了小的变化，不过，只是些表面的工作而已。至此，下属和顾客对郝先生的不信任感越来越强烈了。其实，郝先生确实作了很大的努力，而其下属和顾客仍不时在背后批评他。其实，错并非在郝先生本身，而在于他急于解决问题，却又处理不当，徒然惹来这些非议。

企业中，有很多像郝先生这样的领导，听到下属的请求时，往往认为事情很好办，这对于自己的能力来说不值一提，于是满口答应，根本不考虑实际情况。事后，由于情况变化，再加上对自身能力估计过高，以致事情没有办成，最终失信于下属。

有着日本“经营之神”之称的松下幸之助说过这样的话：“想要使下属相信自己，并非一朝一夕所能做到的。你必须经过一段漫长的时间，兑现所承诺的每一件事情，诚心诚意地做事，让人无可挑剔，才能慢慢地培养出信任来。”换句话说就是，对于领导而言，要想提升领导魅力，就要做好一件事，让下属或同事称赞你是一个言行一致的人，而不是一个“不靠谱”的人。

总之，领导者的信誉是一种巨大无比的影响力，也是一种无形的财富。领导者如果能摆正自身“领导”的位置，说话“绝对靠谱”，做到言行一致，就能赢得下属的信任，下属自然会尊敬你、信赖你。反之，如果你经常言而无信，言行不一致，下属就会怀疑你说的每一句话、做的每一件事，对你没有任何信任可言。

话语简洁，一语胜千言

很多公司的领导可能都有过这样的经历：在开会或者演讲的时候，自己在台上滔滔不绝，慷慨激昂，越说越有劲，而台下的很多员工却在各行其是，有的闭目养神，有的窃窃私语，还有的玩手机。之所以出现这样的现象，一个很重要的原因就是领导说话过于冗长，不能吸引自己的下属，废话连篇……

现代著名文学家林语堂说过："绅士的演讲应该像女人穿的'迷你裙'一样，越短越好。"精彩的发言无须长篇大论，言简意赅往往更精悍有力。然而很多职场领导都存在这样一种误区：讲话时间的长短与领导的重视程度有关。因此，即使没有多少实质内容的会议或者谈话，他们也会一再重复，反复强调，套话泛滥，生怕因为自己重复的次数少、内容短而得不到下属的重视，殊不知，结果恰恰相反。本来下属很乐意接受的谈话，却因为领导的废话连篇，而招致他们的反感。

一天，一个富翁去教堂里听牧师传教，在开始的半个小时里，富翁听得很认真，也很感动，所以他决定等传教结束后把自己带的有钱都捐献出去。过了一个小时后，牧师还在讲，这时，富翁有点不耐烦了，他改变了自己的主意，决定只捐献自己身上的零钱，把整钱留给自己。可是，又过了半个小时，牧师的传教似乎还没有结束的意思，此时接近愤怒的富翁再一次改变了主意，他决定分文不捐。最后等传教结束的时候，已经崩溃的富翁，不但没有捐钱，反而从捐款箱中拿走了2元钱，作为对自己时间的补偿。

“言不在多，达意则灵。”如果牧师能够把话讲得简短一些、精练一些，那么他的传教一定会鼓舞很多人主动去捐钱。

沟通时话不在多，关键在于有效，这样才能通过沟通获得一些有含金量的信息。然而现如今，很多领导都没有意识到这一点，他们为了体现自己的身份和尊严，只考虑如何在下属面前把话说得精彩，却很少考虑自己的话是否过于冗长，是否把真实意思表达清楚了，对方又是否从中明白了些什么。

当今职场，真正有才能的领导，在讲话的时候一定会言简意赅、力求精练，具有很高的概括能力。这样的领导不但说出来的话很有分量，而且很容易得到别人的认可和接受、提升个人的威信，正如联想集团的柳传志一样。

联想集团一路跌跌撞撞，从小到大，由弱变强，发展到今天这种规模着实不容易。于是就有很多人好奇，联想集团究竟是靠一种什么样的管理思想走到了今天这个“巨无霸”的位置。

有一次，一家媒体的记者采访联想集团董事长柳传志先生时，就问及了这个问题：联想的管理思想是什么。本来记者以为柳传志即将进行长篇大论，他却只说了九个字："定战略，搭班子，带队伍。"

柳传志的回答虽然只有九个字，但是这种言简意赅、高度概括的话要比旁征博引、连篇累牍的长篇大论有用得多，更加容易被人记住。因此，企业领导切忌说话冗长，一定要学会在沟通的时候做到言简意赅，要知道，讲话简洁、精练、准确不仅是倾听者所希望的，更是提升个人能力的要求。那么，如何做到这一点呢？请从以下两个方面多加修炼。

1.养成"长话短说"的习惯

领导者在面对下属讲话的时候要努力做到"讲短话"。美国总统哈利·杜鲁门可算得上"推崇简洁语言"的榜样，他说："一个字能说明的问题绝不用两个字。"这就要求领导者在说话的时候有话要短说，没话就别说。一两句话就能解决的事情，绝不要通过开会或者长时间进行长篇讨论，这样只会让下属对你的讲话产生"抗体"，你的滔滔不绝、费尽口舌，换来的只是下属的极度反感。

对于领导者来说，"善于讲短话"是一种能力和艺术。但我们也需要记住：不能为了讲短话而讲短话。讲短话不是目的，目的是要讲有用的话。

2.加强文化学习和提高文化修养

领导者能否讲出短而且有用的话，关键在于领导们的文字表达能力和语言组织能力。有的领导讲话，三两句就能触及要害、抓住本质，或解决问题。而有的领导却废话连篇、不着边际，让人不得要领。

要解决这一问题，需要领导者在日常生活和工作中不断探索，要勤于学习、善于思考、勇于实践，努力使自己具备较高的思想文化修养和扎实的理论功底。

现如今，人们的生活节奏加快，成本意识增强，大家不约而同地都在强调办事的效率，在人们的脑海里，时间概念可以说比任何时候都要清晰。俗话说，时间就是金钱，时间就是财富。为了节省时间，追求财富，人们无论是吃饭、坐车还是办事，都会选择最便捷的方式，说话当然也不例外。

没有人喜欢花很长时间去听你的“长篇小说”，即使你是领导。因此，在和下属交流的时候，为了达到有效沟通的目的，一定要多动动脑子想一想，怎样可以在最短的时间里把问题说清楚、把意思表达明白。

树立威信，慎用口头禅

“口头禅”最初是佛教禅宗用语，本意是指未经心灵证悟就把一些现成的经验和公案挂在嘴边，只空谈禅理而不去实行，也指借用禅宗常用语作为谈话的点缀。演变至今，口头禅成了个人习惯用语的代名词，指常常未经大脑就已脱口而出。口头禅又称口头语。

如果领导在讲话的时候总是习惯说口头禅，不仅会有损自己说话的形象，还会使好端端的一席讲话变得支离破碎，使人听起来别别扭扭。这样一来，不但会影响意思的表达，而且会给听众增加接受和理解上的困难，势必影响交谈的效果。比如，有的领导只要一开口说话就是“这个嘛……这个嘛……”“是不是……是不是……”“那什么……”口头禅满天飞，让听众不知所云。而下属对于满嘴飞口头禅的领导肯定不会有什么好感。

王二，是著名作家老舍在《骆驼祥子》里塑造的人物。王二说话的时候总是句句不离“那什么……”，他属于一个口头禅的典型人物：“那什么……我来看房，怎么进去啊，门锁着呢。”“那什么，下过雪后，真冷。”“那什么，曹先生，曹太太，一大清早就走了，上天津，也许是上海，我也说不清。”“左先生吩咐我来看房子的，那什么，可真冷。”

现代企业的领导中，也不乏“王二式”的人。他们在讲话的时候，往往因为口头禅太多而把本来很严肃的谈话弄得支离破碎、断断续续。可想而知，这样的谈话非但不会起到什么好效果，反而会闹出笑话。

姜涛是某著名服装企业的销售经理，他在公司会议上因为口头禅而闹出了不小的笑话。

这一天，公司销售部例行开会。会议是姜涛主持的，他在会议上说：“现在的竞争真是越来越激烈了，是不是？可是我们的服装在全国各大卖场卖得很好，是不是？我们的销售额在逐渐增长，是不是？这说明了我们的服装设计团队和销售团队很给力，是不是？但是，大家需要记住的是，我们不能因此而骄傲，更不能忽视我们的竞争对手，是不是？对手也很优秀，是不是？”姜涛每说一句话，后面都带一句“是不是”，结果新进公司、对姜涛不是很熟悉的员工忍不住笑了起来，把本来很严肃的会场一下子搞乱了。

姜涛见状一下子就急了，立刻阴沉着脸，训斥道：“公司有严格的规定，员工要遵守公司的规章制度，是不是？开会是一件很严肃的事情，是不是？开会期间怎么能笑呢？是不是？”谁知道，姜涛的这一番训斥，使得台下笑的人更多了。

很显然，像姜涛这样无意识重复的口头禅没有任何语义，但它是一种“影响素”，影响了有用信息的传递，使听众生厌。口头禅不离嘴的领导，讲出来的话不仅毁坏了自己的形象，还成了员工们的笑柄。

口头禅就是语言中的渣滓，就像米饭中的砂石一样。一名领导，要想给下属留下谦虚而干练的美好形象，使自己的讲话变得更精练、明快、流畅，就要戒掉口头禅。

1.增加词汇储备

口头禅或是口头语，多是一些毫无价值的词语，如果领导在日常生活和工作中能够不断学习、不断地拓宽自己的知识面，注意锻炼自己的语言表达能力，那么自然会少用口头禅。只有掌握了大量的词汇，讲起话来才能妙语连珠、流畅顺利，如此，口头禅自然也就戒掉了。

2.讲话前先“默讲”

对所讲的内容不熟悉，是领导讲话时出现口头禅的主要原因之一。讲了上句忘掉了下句，这个时候就需要用口头禅来作为缓冲，以便想起下一句。

所以，领导在讲话的时候，要事先默讲几遍，只有对所要讲的内容、措辞十分熟悉，才能在正式讲话的时候少出现或不出现口头禅。

3.讲话要沉着冷静，深思熟虑

口头禅常常会在不经意间从嘴里溜出来。对于一些性格急躁的领导来说，往往都是因为讲话语速过快，才导致出现口头禅的。

所以，有口头禅的领导，在讲话的时候要冷静，不急躁，把话讲得慢一些、稳一些，只有这样才能防止口头禅从嘴里溜出来。

4.平常说话要力求完整

要想改掉口头禅的习惯，就要求领导平常讲话的时候尽量把话说完整，不说或少说半截子话。这里谈到的“完整”，指的是句子的主要成分齐全。比如，有下属问：“五一这几天去哪里旅游了？”你不要图省事，只回答“去北京了”。最好用完整的句子回答：“我五一跟家人一起去北京旅游了。”这样的回答尽管有点麻烦，还有点像小学生，可是，只要你能长期坚持下去，非常有助于改掉口头禅的习惯。

逻辑严明，说话有深度

在日常生活或者工作中，无论是谁都免不了与人交谈或聊天，这时就要求讲话者说话的时候有逻辑性。说话有逻辑性即言之有序，也就是要求说话要有条有理、层次分明，要符合一定的逻辑；切忌前言不搭后语、颠三倒四，要按照一定的逻辑顺序把事情或道理说清楚。这样不仅体现说话者的思路清晰，还能靠内在的逻辑力量吸引听众，这样的谈话才更有深度。

身为企业的领导，在日常工作中，免不了要经常当众向人说明某件事情，或布置任务，或传达指示，或就某一情况作出解释。这时讲话就不能像平日里一些人聊天那样，胡拉乱扯、天南海北地乱侃一通；再加上领导身份的特殊性，就更加要求领导在讲话的时候必须要有逻辑性，要有条有理、层次分明。

作为领导，如果你说话没有逻辑性、前言不搭后语、自相矛盾而使人发现所说的话中有破绽，那定会失去上司或者下属对你的信任。

张同是一家公司的老总，尽管他文化水平不高，但是他很善于用人，所以他一手创立的公司发展得也算是蒸蒸日上。

有一天，张同受邀去当地的一家学校参加校庆活动，并且要在开幕式上代表嘉宾讲话。轮到张同讲话了，他清了清嗓子说："各位领导、同学，大家好，很高兴能来参加这个校庆活动。今天的天气很好，很适合举办校庆。今天所有的师生应该都到了吧，很高兴能看到这样的盛况啊！我听闻你们学校要拆掉破旧的校舍和办公楼，改善学校环境，我在这里带头给你们学校捐款，希望能起个表率作用。昨天下了一夜的雨，大家今天还能准时到场，我代表校方感谢你们。你们的学校真是漂亮啊，尽管我文化程度不高，我看到这样的校园很亲切啊！今天我代表嘉宾们讲三点，主要关于学生就业的。第一点，如何进行在校学习……第二点，大家要努力回报社会……第三点，学校要如何管理学生……"

张同的这番讲话，可谓逻辑混乱，毫无重点可言，并且前言不搭后语，漏洞百出，更谈不上层次分明了。对于讲话者来说，观点首先要明确，然后需要前后一致、说理严密、合乎逻辑。像张同这样讲话，条理不清晰，思路不明，言之无物，只会让听者感到莫名其妙、不知所云。

作为一个领导者，在公众场合讲话的时候，你首先要确立讲话的重点，然后做到层次分明，符合一定的语言逻辑，最起码的要求就是要前后一致，不能指东言西。如果讲话时语法混乱、文理不通、词不达意，即使你相貌堂堂、衣冠楚楚，听众对你的印象也会大打折扣，他们会把你看成一个没有文化修养的大老粗。

王悦是某保险公司的经理，每天早上都会对自己手下的员工进行短暂的培训，由于她讲话时条理清晰、思路明确、中心思想突出，每次讲的知识都被员工们很好、很快地吸收，因此深受员工们的尊敬。她今天讲的主题是“孩子究竟该买什么样的保险”。

王悦说：“保险有很多种类，家长不是业内人士，所以有时候买保险就很盲目，认为贵的就是好的，没有根据自己的需要来购买。所以，我们今天就来谈谈给孩子该买什么保险。首先是‘意外医疗保险’。儿童都是好动的，好玩，喜欢新鲜事物，所以，意外险是一定要购买的。尤其是意外医疗，因为孩子在玩时磕磕碰碰是在所难免的，意外医疗就显得尤其重要。其次是‘疾病住院医疗保险’。孩子在0~6岁期间，由于身体抵抗能力差，很容易发烧感冒，而且现在的医疗费用又那么高，所以，一般疾病住院医疗是必不可少的。最后就是……所以，家长最应该为孩子买的就是这样几种保险。”

王悦讲完课之后，办公室里响起了热烈的掌声。

像王悦这样讲话，不仅中心意思明确、思路清晰，并且简单明了，得到员工的认同也是情理之中的事情。因此，领导在讲话的时候，一定要富有逻辑性，并且层次分明，只有这样才能增加语言的吸引力，才能让听众更好地接受。

那么，如何增强自己的语言逻辑性呢?

1.把握说话的中心

作为一名领导者，在同下属讲话时，首先必须把握说话的中心，要时时刻刻把讲话的主题牢记于心，不管中间穿插了多少题外话、转了多少个话题，都不能偏离说话的中心思想。要知道，所有这些都是为说明中心思想而服务的。

2.说话过程中加上一些序数词

领导在讲话的时候，为了使自己的讲话内容按照事先想好的思路条理清晰地表达出来，让语言更具逻辑性、层次更分明，就应该尽量多运用“第一、第二、第三；首先、其次、再次”等序数词来表述，这样讲话，让听众听起来感到条理清晰、简洁明了。

3.作好充分的准备

如果事先没有准备，那么讲出来的东西很有可能前言不搭后语，漏洞百出，更别说有层次感了。因此，在讲话之前，最好做一些准备，列个提纲或者私底下默诵、试讲，对讲话的内容越熟悉，就越能把话讲好，做到有的放矢。

第 2 章

领导者口才要素，妙语连珠有深度

工作是干出来的，口才是练出来的。身为领导，你只要肯下功夫练习，就会有一副“三寸不烂之舌”。若你的“嘴巴骨儿”不行，你又不去锻炼，那您就改行吧，别在官位上逞强啦！而要提升自己的口才，让自己拥有良好的表达能力，仅仅学习一些简单的技巧是不够的，还需要你从储备知识、提升心理素质等多个角度来努力。

良好的涵养，增强语言表达能力

在职场中，每一位领导都想成为“舌战群儒”的诸葛亮，“身佩六国相印、以三寸不烂之舌抵挡百万雄兵”的苏秦，这表达了领导们的一个愿望，即他们都想拥有好的口才。但是，口才并不仅仅是大家理解的“嘴皮子功夫”那么简单。

口才所指的不仅是口语的表达能力，更是一个人综合能力和综合素质的集中体现。一个人要有好口才，首先要有深厚的知识储备和对事物的独到见解，因为这样才能在说话的时候做到旁征博引、言之有物和有理有据；其次还必须具备辩证的科学思维能力，因为这样说话的时候才能对全局进行分析，准确地判断、合乎逻辑地推理；最后就是要具备敏锐的观察力，因为这样才能深刻地认识事物、准确地反映事物。当然，要有好口才，还应该学习一些良好的语言表达技巧，只有这样，才能在说话的时候使语言条理清晰，如果再多一点风趣幽默，那就更好了。所以说，口才不仅是“嘴皮子功夫”那么简单，它还是衡量一个人综合知识是否深厚的重要尺度，更是衡量一个人综合素质高低的标杆。

然而，现实中领导们在进行口才训练的时候，只是一味地追求所谓的速成的说话技巧，反而忽略了自身素质的培养，其实这是一种舍本逐末的行为。当然，这不是说语言的表达技巧不重要。评价一个人是否拥有好的口才，不仅要看他是否具有高超的语言技巧，还要看他说话的时候是否能表达正确的观念，他是否具备正确的信念以及人格是否高尚等一些思想道德方面的东西。俗话说“言为心声”，这句话表明，一个人在说话时，他的言辞在一定程度上代表着他的思想道德水准。无论从事的是何种工作，道德高尚的人总是令人尊崇的。

因此，领导们要想拥有让别人羡慕的好口才，在学习语言技巧的同时，还应该全面提高自己的学识修养和道德品质。一个人拥有了以上两点，才能把话说得精彩，才能吸引更多的听众。

所有人都知道华盛顿是美国的第一任总统，却很少有人知道他为什么能够成功当选。华盛顿之所以能够担任美国的第一届总统，除了他是一个出色的演讲家之外，更重要的是他以高尚的道德品质赢得了人们的尊重和信任。当时代表中有许多人选举华盛顿担任总统，而且根据华盛顿道德品质的评价决定他们应当给予华盛顿总统多大的权力。可见，良好的道德品质对一个的成功起着至关重要的作用。

无论身处哪个行业、哪个层级的领导，由于其特殊的身份和职务，都决定了领导必须具有较高的综合素质。领导除了要日常讲话之外，还需要在特殊的场合作一些演讲，而无论是谈话还是演讲，都是向倾听者传递信息的双向活动，领导者的思想、品德、感情、修养都会有意或无意地影响听者的思想、品德、感情、修养。因此，只有具备了高尚的思想品质，领导者说出来的话才更具有说服力。如果领导者缺乏这样的思想品质，那么，无论是他的谈话还是演讲，都不可能是成功的。即使他的讲话或演讲充满技巧，也都是缺乏感情和思想的“白开水”，不具备说服力和感召力。

事实上，不仅是华盛顿这样的政治家需要崇高的思想、道德品质，现代企业的领导者同样需要良好的道德品质，只有具备这些，才能进行有效的管理。

可是，令人遗憾的是，现实中很多领导忽略了自身思想道德品质的提升，他们认为，只要自己有领导能力，那么无论说什么都是权威的、令人信服的。事实上并非如此。无论在政府还是在企业，一个领导，只有他的思想道德品质被大家认可了，才能实现有效的领导。否则，一切都是空谈。

因此，领导要时刻谨记：只有具备高尚的品格，言行一致，以身作则，才能有强大的人格魅力，才能得到下属发自内心的拥护，而不是表面上的恭维逢迎。领导者必须通过自己的道德品格来吸引周围的人，一般情况下，下属只有对领导者的能力感到钦佩后，才可能服从，而更多的时候是被领导者的道德品质所感动，进而无条件地服从和信赖他。

俗话说：“近朱者赤，近墨者黑。”品德、修养极差的人带给别人的也只能是极差的品德和修养，这种人常常受到人们的排斥。试想一下，一个道德品质低下却偏偏手握大权的领导，如何能实施有效的管理呢？由于道德品质低下，他经常脏话连篇；他的所作所为时常被众人指责，这样的领导又如何能够让人信服？他的话语又怎么能让人信服？

领导者要练口才，首先要培养自己的思想美、心灵美、行为美，使自己具有高尚的情操，学会使用正确的方法、立场去分析问题、解决问题，只有这样，才能用美好的语言去感染听众、说服听众、宣传听众，引领听众走向成功。

心中有墨水，才能言之有物

职场中，我们经常会碰到一些领导抱怨自己的口才不好，跟上级或者下属相处的时候总是无话可说，或者是自己说出来的话总是那么几句，很难赢得大家的认可和尊敬。他们总是抱怨自己没有天生的好口才。

在这里要告诉这些领导的是，没什么是天生的，包括口才。想拥有好的口才，并不是说只要你胆子大、敢说就可以了。最重要的是要有足够的知识作为底蕴。苏秦是战国时期有名的纵横家，他在面对六国的大王时之所以能侃侃而谈，最终说服六国的大王们，实现他的“合纵之道”，并不是因为他的师傅是大名鼎鼎的鬼谷子先生，而是因为他有足够的口才资本、足够的积累。

苏秦是战国时期的一名纵横家。所谓“纵横家”，就是战国时期一些依靠自己的口才来为各国君主出谋划策的人，换句话说，就是一些靠嘴皮子吃饭的人。

苏秦并不是一开始就成功的。他是当时大名鼎鼎的鬼谷子的学生，从老师那里学成出师之后，曾经先后去游说过周王、秦王，但都失败了。

随后，苏秦很落魄地回到了家里，遭受了亲戚朋友，甚至包括自己父母的冷遇。于是他发愤图强，刻苦攻读，打瞌睡时，他就用一把小锥子朝自己的大腿上狠狠地刺一下，使自己继续学习下去。

苏秦经过了这一番刻苦的钻研，终于使自己的学识又上了一个新的高度。于是他再次出马，以自己苦心钻研出来的“合纵之道”游说各国君主，终于获得了巨大的成功，以至于身佩六国相印，以三寸不烂之舌抵挡百万雄兵，成为一个“前无古人、后无来者”的例子。

从苏秦的例子中不难看出，最后他能如愿说服六国的大王，正是因为积累了深厚的知识。如果脱离了这个根本，那么，他的口才就会像他刚出师时一样，成为“无源之水、无本之木”，哪里还能说服别人呢？

张铭和李亮同在一家外贸公司工作，职位都是主管，只不过任职的部门不一样。由于公司业务的关系，二人要时常进行合作。张铭是一个很爱看书学习的人，平时喜欢阅读各种各样的书籍，除了一些跟公司业务有关的书籍之外，甚至连佛经、周易这样的书他都看。这些书籍极大地开阔了他的视野，也让他了解了各方面的知识，所以，他说出来的话头头是道，很让人信服。

李亮跟张铭的个性完全不同，喜动不喜静。李亮认为张铭研究这些学问没什么用处，纯粹是浪费时间，他认为，要想口才好，只要掌握一些说话的技巧就行了。

结果，有一天，两个人因为业务的问题产生了不小的分歧，于是在办公室里展开了一场讨论。

张铭因为平时看书多，积累了大量的知识，属于肚子里有“货”的主儿，所以说出来的话很有说服力，而李亮只是逞一时的口舌之能，反反复复就是那么几句话，只能作一些狡辩，很快就败下阵来。

虽然说口才的好坏跟说话的技巧有关，但更与自己掌握知识的多少有密切关系。哪怕掌握的说话技巧再多，若肚子里没有多少知识，那么，讲出来的话依然空洞无物、乏味至极，这样的话又能有什么说服力，又怎么能让人心悦诚服呢？李亮输给张铭不是因为他不懂说话的技巧，而是因为他“肚子里没货”，自己的知识积累不够。“书到用时方恨少”，这句话印证了李亮尴尬的境地。

对于领导者来说，没有人希望自己像李亮一样说话空洞乏味。而要做到言之有物，除了要丰富自己的内涵，提高自己的学识修养之外，最重要的就是要储备深厚的知识。知识面越广越好，天文地理，历史经济，什么都要学习，还要能够正确地使用语言，使自己的语言优美动听。一个胸无点墨的人，在谈话中是不能做到应对自如、侃侃而谈的。“工欲善其事，必先利其器”，正是这个道理。

如果你的知识面不够宽广，哪怕口才再好、技巧掌握得再多，也是无法说服别人的，说出来的话依然空洞乏味。

准确、缜密的语言，头头是道，能够说服人；清新、优美的语言，饱含激情，能够打动人；幽默、机智的语言，妙趣横生，能够感染人。而这些都来源于头脑中的广博知识。那种不学无术的油腔滑调、油嘴滑舌算不上好口才，那种不着边际、没有什么实际意义的夸夸其谈也不是好口才。只有那种以丰富的知识为坚强的后盾，能够给人以力量、愉悦之感的谈话，才是真正的好口才。

因此，领导者们要想在说话的时候吸引足够的听众，要想在别人面前展示自己口才的魅力，要想说出来的话言之有物，就要不断地充实自己，加强自己各方面知识的积累。一个知识渊博、学富五车的人，必定能够使自己说出来的话更具感染力、吸引力。如果才疏学浅、孤陋寡闻，在与人交谈时，难免会闹出笑话。

良好的心理素质，轻松表达不怯场

领导者作为一个群体或者一个团队的管理者，经常要面对下属讲话，如分配任务、鼓舞士气等。有一些领导经常会有这样的感受：平日里讲起话来有如决堤之江，滔滔不绝，可一到正规场合就紧张，支支吾吾说不出话来。表现稍微好点的领导，也只是勉强开口，但是讲话时汗如雨下，生怕自己哪里出了错误，越是紧张、害怕，结果越是糟糕。这个时候，这些领导往往都会为自己笨拙的口才感到遗憾。

其实，这些领导并不是不会说话，他们只是害怕当众说话，或者说是不习惯当众说话。罗宾逊教授在《思想的酝酿》一书中这样说过：“恐惧大都因为一种无知与不确定感产生。”对一些领导来说，当众说话是一个未知数，其结果不免令人满心焦虑和恐惧。这就好比一个人走进了一个陌生的、黑暗的环境，面对一片漆黑和未知的前途，他自然会产生焦虑、恐惧和害怕。要克服这样的一种消极心理，就需要你拿出足够的信心、勇气和胆量，不要因为别人的取笑而感到恐惧或是胆怯。

杨鹏已经40岁了，是某婚庆公司的首席金牌司仪，同时也是这家公司的总经理。在公司里，经常会有年轻的司仪问及他是如何成为金牌司仪的。

其实，杨鹏在口才方面并没有什么过人的天赋，跟普通人没有两样。他直到现在都还记得，他主持第一场婚礼时尴尬的样子。

当时，为了准备对于自己来说的第一场婚礼主持，他一连几天写稿、背诵、对着镜子反复练习，生怕出现任何差错，当众出丑。但是，主持婚礼的当天，他担心的事情还是发生了，他很紧张，而且很怕自己表现不好。他越怕就越紧张，脑海里一片空白，结果使他尴尬极了，他甚至还遭到了辱骂和人身攻击。幸好当时公司怕他临场出错，来的时候派了一个老牌司仪同行，最后由这位司仪出面才缓和了当时尴尬的局面。

杨鹏回公司以后，认真总结了自己失败的原因，发现这一切主要是由于自己心理素质很差、过于紧张和胆怯造成的。从此以后，他开始有意识地锻炼自己，但与别人不同的是，他不是单纯地锻炼主持技能，而是重点锻炼自己的心理素质。

在锻炼的期间，杨鹏遭受了别人的取笑与讥讽，但他还是坚持了下来，最后终于克服了自己的紧张和胆怯心理。他不再害怕失败、出丑，不论在什么场合，他都敢于当众说出自己要说的话。于是，他很快变成了一位非常出色的金牌司仪。

一个真正会说话的人，无论在什么时候，无论面对多少人，无论遇到什么突发状况，都能够做到自信、自控和镇定自若。当然，这些良好的心理素质不是先天具备的，而是通过后天的不断训练才得以形成的。像杨鹏这样，从最初“初出茅庐”还需要人陪同的小司仪，到如今的金牌司仪，就是不断锻炼自己心理素质的结果。

有很多领导不仅拥有深厚的知识储备，还有着丰富而有趣的思想，那么，为什么在面对众人的时候还是感到障碍重重、不敢开口说话呢？原因很简单——他们缺乏胆量。他们害怕自己所讲的东西对听众毫无价值，或者自己的方式方法不适合当时的场合。

对于领导这种说话时胆怯的心理，威廉·詹姆士提出了这样的纠正方法：“无论何时，只要人们消除心理障碍，并且让自己的舌头自如地活动，交谈就一定会顺畅而友好，并且令人振奋起来。”

那么，如何克服这种说话时胆怯的心理，改善自己的心理素质，变成说话高手呢？下面归纳了几条建议，可供参考。

1.在心理上要放松

讲话不仅是一种“嘴上运动”，更与人的心理活动密切相关。一个人的心理活动常常左右着一个人说话水平的发挥。当处于不同的环境和面对不同的人讲话时，人们的心理常常会出现不同的变化。心理的紧张现象是心理夸张性感受所致，因此，领导在讲话时必须让心理感受重新归位。要达到这一要求，需要采用心理暗示的方式，对听众作客观、正确的认识，对自己作准确、公正的评估，这样才能保持清醒，树立信心。

2.从生理的角度进行调节

生理与心理是互动互制的，生理的调节也会对心理产生影响。当讲话者产生紧张心理时，采取生理上的一些调节措施往往能取得良好效果，比如，深呼吸、搓手、舒展四肢、走动等方式，都可以使紧张的心理得以缓解、消除。

3.克服自己的表现欲望

有时，人们讲话时会产生紧张心理，并不是缺乏自信，而是由于表现欲望太过强烈造成的。有很多人讲话之前就有这样的想法：不开口则已，开口就要惊人。当观察到听众对他所讲的话没有丝毫兴趣、不认真听的时候，心理上就产生了失落感、挫折感，情绪上就会一落千丈。因此，要想培养朴实、自然的说话风格，只需把自己的意思圆满地表达出来就行了，期望值不要太高。只要心态平稳，紧张自然会消除。

善于观察，才能说到实处

在企业里，领导者拥有洞察力，不仅是管理的需要，也是拥有好口才的一个基本要素。对于口才的历练来说，领导者的洞察力是不可或缺的。

曾经有一位侦探小说家，不仅说话尖锐而且幽默，而且发表见解时往往能够一针见血。对此很多人都认为他的这种能力是天生的，后来才发现，他之所以能够说话一针见血，主要原因是他有洞察力，总是能看到很多人看不到或者预想不到的东西。

一天，他和一个朋友在一条大道上散步，小说家突然吹起了俏皮的口哨，并发出了惊叹的声音："我的天啊，那位女士一定长得非常漂亮！"

"女士?"他的朋友很不解地问道，"你没有搞错吧？哪有什么女士，在我们眼前的是几位男士呀。"事实也正是如此，朝他们迎面走来的只是几个年轻的男士，并没有什么女士。

"不，朋友，我说的不是他们，而是我后面的那一个。”小说家很得意地回答。他的朋友一回头，果然看见他们身后不远处有一个衣着入时、神采奕奕的漂亮女士，这让他的朋友很不解，于是问道：“你没有回头怎么知道你后面有什么人？”

小说家回答说：“当然可以！我虽然看不到她，但是我看到了对面那些男人的眼神。”

小说家不用回头看就能够知道后面有什么，其实这就是一种洞察力。一个人一旦拥有了洞察力，他对问题的分析就会比别人更加透彻，见解也会更加独到而深刻，而这正是领导口才艺术中不可或缺的重要因素。事实上，在现实生活中，那些以语言揭露事物本质、机智敏锐的语言大师们，都是一些拥有洞察力的人。

作为一名领导，要想培养自己的洞察力，你应该做到以下几点：

1.仔细观察，认真倾听

身为领导，你在日常工作和沟通中，一定要注意观察身边的事物，善于发现事物的特点、细节和本质。观察要全方位、多角度、多侧面地进行，不能只看到一点，犯“盲人摸象”的错误，也不能只看到事物的表面，只有这样才能在谈论的时候抓住别人没有注意的细节，使自己的言论有独到之处。如果观察不细致，或者比较片面，说出的话非但不会得到别人的认可，反而会招致别人的反感。另外，要注意的是，领导者和下属交流时，要学会倾听，不要急于插话，要仔细聆听隐藏在对方语言里的下属的心理和愿望，善于发现问题。这里给大家讲两个小故事。

故事一：一位教师给新生上第一节课。教师站上讲台后，只听班长一声“起立”，大家都站了起来，教室里出现了瞬间的寂静。这位老师用目光扫了一圈后，发现有一位同学没有起立，于是非常严厉地说：“起立！”听到老师的喝令，这位同学委屈地哭了，而旁边的同学对老师说：“老师，他是站着的。”这时老师才发现，这位同学确实站着呢，但是由于个子太矮，看起来和坐着一样，老师为自己的粗心感到歉疚。

故事二：一位教师在给小学生们上思想品德课时问一名学生：“长大后你准备干什么？”学生大声回答：“我要当飞行员！”教师接着问：“假如有一天，你的飞机飞到太平洋上空时，飞机上的所有引擎因为缺油熄火了，你会怎么办？”学生想了想说：“我会让他们系好安全带，然后我打开降落伞跳下去……”学生还没说完，教室里顿时哄堂大笑，教师有点不高兴地说：“你为什么要这么做，难道只有你的生命最重要？”“不是的！”学生的两行热泪夺眶而出，他真挚地说，“我要去拿燃料，我还要回来！”教室里立刻安静了下来。

第一个故事里的老师因为缺乏观察，只看到这个学生比别的学生低，就认为他没有站起来，而没有仔细去观察细节，结果用言语伤害了学生，令自己后悔不已；而第二位教师在听学生说话时，没有认真听完，在其他同学哄堂大笑时就阻止了他的发言，结果既伤害了这位学生的自尊心，又让自己丢了面子。

教师如此，领导也是如此，在企业里，领导就是下属的老师，而观察和倾听则是一位老师必备的素质。

2.时刻保持头脑清醒

身为领导，不管遇到什么事情，你都要保持头脑清醒，在全面了解事物的基础上再作出分析和判断；经过不同事物的比较分析，分清各个事物之间的差别和关系，只有这样才能使话题的切入角度更加独特，语言表达更加准确、深刻，说出的话一针见血。

3.学会不断总结

任何事物都是有一定的内在规律和联系的，即使表面上大相径庭，内在也有一些共同之处，在日常工作中，要善于对各个事物的共同点进行比较和总结，从而得出具有概括意义的结论。在言谈中运用这些结论，则能使你的语言一针见血，揭露事物的本质。

富于情感，才能动人以言

情绪是人的心理活动过程中所产生的内心体验，换句话说，即情绪是内心的影子。只要不是人们刻意地去控制，那么，有什么样的心境和心态，便会有什么样的情绪。科学研究表明，积极向上、良好的情绪能够激发人们无限的潜能去完成某些事情；而消极低迷的情绪反应则会阻断人们的正常思维，影响人们的行为。

生活中，或许每个人都有过类似的体会：在情绪好、心情爽的时候，思路开阔，思路敏捷，学习和工作效率高。而在情绪低沉、心情抑郁的时候，则思路阻塞，操作迟缓，学习和工作效率低。也就是说，情绪会左右人的认知和行为。

赵杰是个直肠子的人，说话、办事很容易冲动。小时候上学时，赵杰就总是因为一些芝麻绿豆大的事情与同学打架，是一个让老师和家长头疼不已的孩子。

不过，值得庆幸的是，尽管赵杰脾气大、易暴躁，可是他的学习成绩一直很不错。大学毕业之后，他顺利地进入了一家公司担任销售部经理。赵杰刚进公司的时候，也是这家公司刚创立不久的时候，由于赵杰胆量很大，敢想敢干，在公司的创业期间为公司立下了汗马功劳。

可是，令人遗憾的是，赵杰的情绪还是跟以前一样，仍然不受控制，经常会因为手下的员工犯了错误而大发脾气。但是，由于赵杰的业绩确实突出，再加上是为公司立下大功的人，因此，连老板都让着赵杰，别的同事更不用说了。

虽说公司的员工都怕他，可是公司的新客户并不知道赵杰的脾气——就算知道了也不会吃他那一套。因此，赵杰这种易冲动、暴躁的脾气气走了公司几个大客户。

最后，老板觉得长此下去对公司发展不利，就建议他注意控制一下自己的情绪，同时还给他买了很多教人控制情绪的书籍，并给他介绍了情绪管理方面的专家。

赵杰出于好奇，就去向专家咨询。可是，当他老毛病又犯的时候，不从自身找原因，反而认为是专家的建议没有用。在反复沟通后，专家见他还是一味地坚持自己的意见，就只好由他去了。

很快，赵杰在一次商务谈判的过程中，由于没能控制住自己的情绪，导致本来能签的合同最后因对方大怒而化为泡影。而老板这个时候实在是忍无可忍了，就以失去这份合同为由辞退了赵杰。

卡耐基说过："学会控制情绪是我们成功和快乐的秘诀。"没有任何东西比我们的情绪——也就是我们心里的感觉更能影响我们的生活了。因此，人们学会控制自己的情绪是很重要的一件事情。同样的道理，一个领导者只有善于控制自己的脾气，才能营造良好的谈话氛围，这也是评价现代领导人是否优秀的标准之一。

如果一个领导像上述的赵杰一样，不善于驾驭自己的情绪，任由情绪发泄，那么，他肯定不能营造和谐的谈话氛围，他说的话更没有人愿意听。因此，要想营造好的谈话气氛、使沟通顺利，并且达到好的谈话效果，领导者就必须学会控制自己的情绪，不能随意发泄自己的情绪。

美国著名心理学家丹尼尔认为，一个人的成功，只有20%是靠IQ（智商），而80%是凭借EQ(情商)获得。EQ是管理的概念，即用科学的、人性的态度和技巧来管理人们的情绪，善用情绪带来的正面价值与意义帮助人们成功。

一个真正优秀、拥有高情商的领导，是能够完全把握自己的情绪的人，他们不会担心自己情绪失控而影响到生活。因为他们懂得如何驾驭、协调和管理自己的情绪，让情绪为自己服务，而不是做情绪的奴隶。

而善于掌握自己情绪的领导，大多善于营造和谐的谈话气氛，并且能轻而易举地去感染或影响听众的情绪，使自己融入谈话的氛围。也正因如此，他们在交往或沟通时往往一帆风顺。而不会把握自己情绪的领导，大多是失败的领导，尽管他们有着很高的智商，尽管他们工作的时候有着很高的效率。

高情商的领导者是自省能力强的人，是非常善于把握自己情绪的人。他们最容易将自己的情绪调节到一个最佳位置，并能用流利的语言表达其情感。当他们与人交往时，也十分善于与人沟通。因此，领导无论是在谈话、演讲或是论辩的时候，都要善于把握自己的情绪，这样才能表达出自己的情感，才能令人信服，才能更好地展现自己好口才的魅力。

多涉猎知识，才能伶牙俐齿

对于一个领导者来讲，要想拥有好的口才，就必须拥有良好的记忆力。打个比方说，如果口才是一株美丽的花朵，那么，记忆力就是滋润花朵成长的肥料。没有良好的记忆力，要想培养出好的口才是不可能的。在表达的时候要想言之有物、使人信服，你的大脑中就要储备足够多的知识，只有这样，你才可能脱口而出、滔滔不绝。如果你的大脑中一片空白，即使你再伶牙俐齿，那也是“巧妇难为无米之炊”。因此，可以这样说，记忆力是提升领导口才的重要因素。

领导在说话、演讲或论辩时，每次都需要记忆一些内容，通过记忆把演讲、论辩需要的内容储存在大脑中。如果记忆力不强，就记不住东西。到了台上，大脑里一片空白，再加上紧张，就会丢三落四，甚至会张口结舌。这样一来，就免不了在众人面前丢面子。由此可见良好的记忆力对领导者是多么重要。

众所周知，口才不是天生的，一个人不管多么笨嘴拙舌，都可以通过后天的锻炼成为一名说话高手。同样，记忆力也不是天生的，良好的记忆力也可以通过后天的锻炼形成。

古今中外，很多人都曾经利用各种方法来锻炼自己的记忆力。

著名的数学家华罗庚，不仅具有非凡的数学才华，还有着很好的口才。华罗庚从小就注意锻炼自己的口才，他通过“背诵”的方法来提高自己的记忆力，以此增加自己的知识储备，达到提升口才的目的。

俄国大文豪托尔斯泰，他通过“做操”来锻炼自己的记忆力。他说过这样一番话：“我每天都会做两种操：一是早操，二是记忆力操，每天早上都会背书和外语单词，以检查和培养自己的记忆力。”

对于领导者来说，训练、提升自己的记忆力是需要下一番功夫的。只有通过训练达到“过目成诵”，才能做到“出口成章”。训练记忆力的方法有很多，下面列举了几种方法，希望能对领导们提高自己的记忆力有所帮助。

1.积极的心理暗示法

有很多领导在面对大量的讲演或论辩材料的时候，都会说：“这么多的资料，我能记得住吗？”在尝试了记忆之后，就会发出这样的感叹：“哎，不行了，记忆力真的不行了。”其实，对于一些上了年纪的领导来说，虽然年纪大是导致记忆力下降的一个原因，但是最主要的还是因为他们对自己的记忆力缺乏足够的自信心。领导在讲话、演讲或论辩面前，面对大量需要记忆的内容，要鼓励自己，给自己打气：“我能行，我肯定能记住的。”这是一种积极的心理暗示。

不要动不动就提前给自己的记忆力设置障碍、判死刑。这样，只会让你的记忆力越来越糟糕，下降得比以前还快。

2.限时记忆法

使用这一方法训练，就是领导们要给自己规定一段时间，让自己在这段时间内记住一些东西。在规定的时间内记忆数字、地名、时间等，可以锻炼自己的强记能力。

比如，领导们可以在口袋里装上几张公司客户的名片，利用上下班时间记下名片上的地址、电话或者邮箱等。这种方法有一个好处，就是随时随地都能用，并且不用花钱。

3.读、背结合记忆法

“背诵”是一种训练记忆力的很好的方法。

“诵”是对表达能力的一种训练。这里的“诵”也是我们常说的“朗诵”，它要求在准确把握文章内容的基础上进行声情并茂的表达。“背诵法”就是由熟读到能背诵的训练。背诵是很简单的一件事情，你背诵的次数越多，记忆的效果就会越好。

4.重点记忆法

无论材料还是学习内容，都有重点内容和一般内容之分。使用这一方法，训练的时候要花大力气记住这些重点内容。

这一方法的好处是，不仅可以减少记忆的内容，还可以提高记忆的效率。

5.高强度记忆法

在短时间内，要想让自己记住大量的内容，就要对自己施加巨大的压力。在巨大的压力下，大脑的兴奋程度是平常的好几倍，因此能记住大量信息。

比如，你要为一个演讲作准备，你可以在演讲临近的几天对相关的资料进行整理、阅读，这样做有加深记忆的好处。到演讲时，你自然能熟练地运用这些资料。

训练记忆力的方法有很多种，在这里只列举几种常用的训练记忆力的方法。领导们可以根据自身的情况有选择地进行训练。此外，还可以寻找一些适合自身情况的提升记忆力的方法，在这里就不作赘述了。

总之，拥有良好的记忆力，就可以积累更多的知识，这

第3章

领导者的应变口才，思维敏捷巧化解

所谓应变口才，就是要在动态语境中作出合理回答。其特点是语境催迫下表现出的敏锐与快捷。从某种意义上说，应变口才是一种“捷才”，需要的就是机巧和灵敏！在实际应用中，不管遇到什么变化，都能相时而动、出口成篇、出口成趣的人，如果再能做到在各种难题面前灵活控制，巧语解困、妙语服人，那就是高级的应变口才了。

巧言细语，化解尴尬氛围

俗话说：“常在河边走，哪能不湿鞋。”在日常的谈话中，无论是凡人，或是名人，都有可能说错话，出现言语上的失误，使自己陷入尴尬的境地。

一次，王主任去参加朋友的晚宴，席间，他与本地一位企业家聊天。王主任可能是想使他们之间的谈话显得轻松一些，于是随意地指了指正在跳舞的一个女人说：“看那位穿着黑白格子旗袍的女人，那件衣服穿在她的身上还不如穿在一头猪的身上好看。”

没想到这位企业家冷漠地对他说：“那个女人是我的太太。”

可以想象，当时王主任的处境是何等尴尬。

在生活中，你难免会因为说错话、办错事使自己陷入尴尬的局面；或者因为某些人故意为难、要让你出丑而使你陷入尴尬的境地。但是，并不是所有的窘境都如上述的王主任那样不可挽救。很多时候，只要你动动脑筋，采用一些“巧言妙语”，还是可以让陷入尴尬处境的自己摆脱难堪的。

中国著名相声大师马季先生，有一次带领弟子到某市进行演出，在表演的时候就遇到了尴尬的场面。

马季先生在上台表演之前，他的一位弟子在表演时错把

“某市”说成了“某县”，引起了台下听众的一阵哄笑，他的弟子一下陷入了尴尬之中。在笑声之中，马季先生登台演出，他张口就说：“今天有幸来‘某省’进行演出……”这句话把台下的听众弄糊涂了。正当大家交头接耳、议论纷纷的时候，马季先生解释道：“刚才，我的一位弟子在表演的时候，将‘某市’说成了‘某县’，给它降了一级，我在这里当然要把‘某市’说成‘某省’，给它提上一级，这样一降一提，就扯平了嘛，哈哈哈……”马季先生的几句话，把台下观众逗得哄堂大笑。就这样，马季先生用机智巧妙的语言化解了尴尬的局面，使演出得以顺利进行。

马季先生不愧为一代相声大师，寥寥几句就化解了尴尬的场面。错话一经出口，便有意借着错处加以发挥，以幽默风趣、机智灵活的语言改变气氛，立刻使听众进入了新的气氛中。马季先生的这几句话不可谓不妙。

对于领导来说，平时的沟通比较多，所以很容易遭遇窘境，这个时候最需要的就是冷静，迅速地思考如何应对、如何以妙语摆脱尴尬。能做到这一点的人，才能在应对各种场面的时候做到巧言应对、收放自如、不失风度。

俄国诗人普希金身材不高，他在一次与人谈话的过程中陷入了尴尬的境地，不过，他很快就以幽默的语言使自己摆脱了尴尬。

有一天，普希金去参加一位朋友的家庭舞会。当他走上前去邀请一位漂亮的贵族小姐跳舞时，这位小姐非常傲慢地看着普希金，并且用一种非常不屑的口气说：“我不能同一个小孩子跳舞的，哼！”旁边听到这句话的人都哈哈大笑起来，不约而同地看着普希金，都在等着看普希金出丑。

可是，普希金非常冷静，他微笑着说：“哦，非常抱歉，小姐，我不知道你正在怀孕。”

普希金的话刚说完，旁边的人就爆出比之刚才更加激烈的笑声。

普希金的妙言智语，不但帮助自己化解了尴尬，还狠狠地挖苦了傲慢无礼的贵族小姐，让这位小姐自食恶果，大大丢了面子。

对于一名领导来说，平常在说话、演讲、论辩或者接受采访的时候，难免会因为自己言语上的不慎或者别人的故意刁难而陷入尴尬的处境，这个时候就要善于运用一些巧妙的语言，把自己语言中的潜在力量激发出来，帮助自己摆脱尴尬的境地。

在遇到一些尴尬局面的时候可以使用一些语言上的技巧使自己摆脱窘境。下面列举了几种方法，供领导者参考。

1.巧用幽默

这种方法，不但能巧妙地帮助自己摆脱尴尬，还能展现自己语言的魅力，更能增添笑声，使听众很快忘记自己的失误。

2.制造借口

为自己寻找一个适当的借口，这样，在身处窘境、无言以对的时候，就能帮助自己摆脱窘境、化解尴尬，也不失为一种机智的行为。

3.错上加错

这种方法也可以称之为借题发挥，在说话的过程中借着错处加以发挥，运用风趣、灵活的话语改变气氛。很快，你就能摆脱自己的窘境。

总之，无论在何种情况下陷入了尴尬的境地，领导们都不要慌张，要以镇定来激发自己在语言上的能量，运用各种技巧和机智灵活的话语使自己摆脱尴尬。

幽默风趣，大度应对挑衅

领导者虽然都有一定的地位和身份，但是在生活或工作中，还是会常常遇到一些心怀叵测的人，让自己陷入非常尴尬或难堪的境地。这个时候应该怎么办呢？有句话是这样说的：“投之以木桃，报之以琼瑶。”这句话的大意就是，你对我好，我就对你好；若你对我不好，出言重伤我，那么我就会反击你。

面对某些人的无故挑衅，领导者自然不能无动于衷，但是又不能恶语相向，因为这样做只会使事情进一步恶化。这个时候，就要拿起“幽默”这个武器来捍卫自己的尊严，因为“幽默”不仅能有效地反击对方，而且不至于使事态进一步扩大，更能体现自己的风度。

人与人之间的交往并不都是友好的，有些人常常会说一些话或做一些事情让对方陷入尴尬，这个时候幽默是一种很好的摆脱窘境的方法，也会起到一些意想不到的效果。

有一位成名不久的作家，她的书十分畅销，她也因此迅速成为众多年轻人心目中的偶像。

有一天，在签名售书的活动现场有一个男人对她很不以为然，当着众人很不友好地说："我不得不承认你的书写得很好，不过，请问是谁帮你写的呢？"显而易见，这个没有礼貌的家伙是故意来闹事的。签名售书活动现场的气氛一下子变得紧张起来，所有的声音好像同时消失了一样，很多书友面面相觑，场面非常尴尬，大家都觉得接下来会发生一些很不愉快的事情。出乎大家意料的是，女作家并没有表现得很尴尬，她非但没有生气，反而面带微笑，幽默地对这个无理取闹的男人说："很荣幸得到你对我作品的夸奖，不过请问，是谁帮你看的呢？"女作家的反问，令那个男人哑口无言，灰溜溜地逃走了，现场响起一片掌声。

女作家以幽默的"学话"，非常巧妙地维护了自己的尊严，并且达到一种以其人之道还治其人之身的效果。

作为有一定地位的领导，在对方进攻的时候我们可以退让，但是要有个限度。退无可退的时候，就无须再退，这个时候不妨用幽默的方式给对方一个反击。幽默不仅是一种智慧的反攻方式，也是一种无形的进攻方法，可以说，幽默是一把"杀人不见血"的刀。因为幽默总是以含蓄、委婉的方式达到打击对方的目的。

春秋时期，齐国国王为了改善与楚国的关系，就派遣晏子出使楚国。尽管晏子身材不高，其貌不扬，但是他凭借着自己头脑机灵、能言善辩，出使楚国时很好地捍卫了自己的尊严和齐国的国威。

在得知晏子要来楚国的消息后，楚王就在全城下令：任何人都可以随便侮辱晏子。他要借此来打击齐国，彰显楚国的威风。

晏子刚到楚国，一个负责礼仪的小官领着晏子来到了城门前，指着墙上的一个洞对他说："请从这里进去，先生。"围在城门口的一群楚国人都在等着看晏子的笑话，可是晏子面带惊讶的表情，幽默地说："哦，原来我来到了狗国，要不然怎么会让我从狗洞进城呢？""偷鸡不成蚀把米"，想侮辱晏子的小官不但没有成功，还反过来被晏子羞辱了一顿，无奈之下，只好领着晏子从大门进了城。

楚王接见晏子时，为了嘲笑这个矮小的家伙，故意命人绑了一个齐国人上朝，然后问晏子："这是一个刚刚捉住的盗贼，是齐国人。难道齐国人都爱干偷盗的勾当么？"晏子并不恼怒，很巧妙地说："大王，你可知道，橘子长在淮南就叫作橘子，而长在淮北就称之为枳。虽然说样子相似，味道却大不相同，这主要是水土的原因。同样的道理，齐国人在齐国不偷盗，而来到楚国后就爱偷盗了。要怪的话，就只能怪楚国的风水不好。"

楚王想了半天，找不出反驳晏子的话，只好作罢。

晏子不愧是春秋时期一位著名的政治家和外交家，幽默的攻击性被晏子使用得恰如其分。幽默的话看似不动声色、貌似温和，实际上却是绵里藏针。面对楚国人的侮辱，晏子运用自己的聪明才智，以及机智幽默的语言，给予这些自大的楚国人强有力的还击，不但维护了自己的尊严，还彰显了齐国的国威。

无论是在生活中，还是在工作中，领导们如果遇到一些无理取闹或是故意挑衅的人，一定要学会用幽默进行反击，以彼之矛攻彼之盾，这样一来，不仅化解了对方的无故挑衅，还令对手哑口无言、自讨没趣。

利用时机，反击挑事儿的下属

咄咄逼人，常常用来形容气势汹汹，盛气凌人，使人难堪。领导者在工作中遇到这种下属时，要镇定自若，面对下属的尖锐语气，不要急于开口，而应寻找其语言中的漏洞，后发制人，一语中的。

有一位大姐在路上行走时，朝地上吐了一口痰。正好赶上这天刮风，不巧风就把这口痰刮到在路边坐着的一位小伙子的裤腿上。这位大姐一看，自己闯了祸，赶紧从包里拿出纸巾要给小伙子擦擦。令大家意想不到的一幕发生了，小伙子非但不让这位大姐给自己擦，还一把揪住大姐的脖领子，让这位大姐把裤腿上的痰舔干净。大姐再三道歉，好话都说尽了，但是小伙子还是得理不饶人，无论怎么说都不同意，非得让大姐舔干净了才行。

再加上旁边有一些起哄的人，小伙子闹得是更凶了，非要大姐给他舔干净。后来，这位大姐实在忍无可忍了，就从包里拿出一把钱，大声说："大伙听好了，谁能把他摆平了，这钱就归谁。"话音刚落，从人群中窜出两个壮汉，把小伙子狠狠地收拾了一顿。

在生活中，我们经常会遇到这样的一些人，他们一旦觉得自己有理，就会揪住对方的失误或者缺点，穷追猛打，直到对方乞求讨饶、举起白旗方才罢休。而这个小伙子就是一个典型的得理不饶人的主儿。人们经常会用"咄咄逼人"来形容这样的人，形容他们的气势汹汹，盛气凌人，使人难堪。

领导者在日常交际中，也会不可避免地遇到这种"咄咄逼人"的人。那么，遇到这种人该怎么办呢？如何做才能摆脱难堪呢？被世人尊为"现代小说之父"的巴尔扎克说过这样一句话："人类所有的力量，只是耐心加上时间的混合。所谓强者，是既有意志又能等待时机的人。"对付这种"咄咄逼人"的人，就是要积蓄力量，等待时机，后发制人。

当然，也许人们听到最多的就是"抢占先机""先下手为强，后下手遭殃"这类的话，但是，遇到"咄咄逼人"的人时，"硬碰硬"只会让情况变得更加糟糕。而且这种人一般都是有备而来，或者对本身的条件估计得比较充分，有信心战胜自己。此时采用先发制人这种方法就不是上上之策了，而应该暂避其锋芒，静观其变，后发制人。

不管对方的气势是如何凌人，也不管对方是如何霸道，我们都要先耐心地听取对方的要求和理由，并不时向对方请教问题，好像有被对方说服的倾向，其实是在暗中作充分准备，积蓄力量，以便一击而中、一击而倒。《三国演义》中记载了杨修和张松论辩的一个故事，张松就是用“后发制人”将杨修一举击溃的。论辩的大致情形如下：

有一天，张松来到了曹操的营帐，碰见了杨修。张松知道，杨修是个口才出众、思维敏捷、能言善辩之人。据说口才很好的曹操都曾经被杨修说得哑口无言，最后只能甘拜下风。杨修也久闻张松的大名，但是杨修觉得自己口才出众，便从来不把别人看在眼里。于是，为了给张松一个下马威，杨修把张松请到了书房里。杨修开口就说道：“先生远道而来，辛苦了。”

张松说：“奉主公之命，即使赴汤蹈火，也不敢推辞。”

杨修又问：“蜀中的人才怎么样啊？”

张松答道：“文人有司马相如那样的天资，武将有严君平那样的精英。三教九流，出类拔萃的，记也记不清，数也数不过来啊。”

杨修继续说道：“当今刘季玉手下，像你这样的人才还有几个？”

张松说：“能文能武、智勇双全、忠义慷慨之人，数以百计。像我这样的无才之辈，车载斗量，不可胜数。”

杨修问：“那你现任什么职位啊？”

张松说："说起来令人汗颜，滥竽充数，做了个伴驾的差事，十分不称职。斗胆问一下您在这里担当什么重要职务啊？"

杨修道："现任丞相府主簿。"

张松说："早就听闻你家中世代都是做大官的，你为什么不在朝中做丞相辅佐天子，却洋洋得意地做相府的一名小小官吏呢？"杨修听后不禁满脸通红。

由这场论辩可知，杨修在整个论辩的过程中，气势汹汹、咄咄逼人，一心想让张松难堪。而张松明确杨修的意图后，十分冷静，他始终在静中待动，终于等到机会，以一句反问的话，给予杨修致命的一击。"后发制人"这一招，足以显示张松高超的口才。

"后下手"不一定就失去了主动权，从某种程度上来讲。反而是一种优势。因为，你可以在等待时机的过程中，根据对方的话语找寻他的破绽，及时、有针对性地调节自己的语言，以便在时机到来的时候一击即中，达到自己"后发制人"的目的。因此，领导一定要学会"后发制人"，以免在日常社交过程中遇到咄咄逼人的人时冒然出击。

营造氛围，让对方乐于交谈

领导在与人交谈的时候时常会有这样的感觉：和有的

人在一起交谈，会谈得很尽兴；而和有的人在一起交谈，总感觉很别扭，不能畅所欲言。造成这种不同感受的因素有很多，其中最关键的一个是谈话气氛。谈话气氛是谈话能否顺利进行的前提。

的确，在日常交际中，不少谈话都是不欢而散的。原因就在于谈话者不会营造良好的谈话氛围，致使谈话“夭折”。研究表明，在良好的谈话气氛中交流，讲话者心情愉快、妙语连珠，听者也会积极配合，说、听双方都能实现交流沟通的目的；而在紧张或死气沉沉的气氛中谈话时，说、听双方都会有一种窒息感，这样一来，自然难以产生共鸣，更难有愉悦的交谈。

因此，领导们在日常交际的过程中，为了使谈话能够更好地进行下去，为了使说、听双方都能够身心愉悦地达到沟通的目的，要善于营造良好的谈话氛围。心理学研究表明，在愉快的氛围中交谈，人们很容易产生求同或包容心理，常常喜欢接受对方的观点，不愿意排斥对方的不同意见。所以，学会营造良好的氛围，对于交谈中至关重要。

有一位姓赵的女教师，已经55岁了。她刚刚接手了一个新的班级，这个班的学生学习成绩各方面都很优秀，只是有一点令很多老师都头疼：不注重环境卫生。

一次上课之前，赵老师洗了脸，擦了雪花膏，还刻意地喷了香水，然后来到了教室。她刚一进门，一股淡淡的幽香就飘进了教室。

前排的学生马上开始叽叽喳喳地说：“赵老师都多大年

纪了？还擦得香喷喷的！”

尽管说话声音很小，但是赵老师还是听见了，于是，她接过话茬：“老师我今年芳龄55了，你们别看我一脸的皱纹，我还挺爱美的！这不，我刚洗过脸，还擦了点雪花膏呢，还喷了点香水。”

话一出口，女生乐了，男生也禁不住笑了。

赵老师趁热打铁，把话题从爱美之心对心理健康的作用，顺利过渡到环境之美对学习、生活及精神面貌的作用上面来，说得学生点头称是。从那时候开始，教室、宿舍乱抛纸屑、果壳的现象少了，值日生比以前更重视卫生了。

俗话说，良好的开端是成功的一半。语言也是这样。愉快的开头是谈话得以深入的关键。赵老师开了个好头，很快便进入了角色，一下子缩短了师生间的距离，让学生感觉到老师不但可敬而且可亲、可爱，从而增强了说服效果。赵老师的经验告诉我们：在谈话过程中，营造一种愉快而和谐的氛围，让谈话在活泼的气氛中进行，一般都能够获得“话”半功倍的效果。

那么，领导在日常交谈时，如何营造良好、和谐的谈话气氛呢？下面归纳了几种方法，可供使用。

1.适度的寒暄

如果交谈的对象对你来说是陌生人，那么，在交谈之初，可以通过适度的寒暄来化解彼此因为不熟悉而造成的无话可说的尴尬局面。

比如，交谈之初，使用一些寒暄语作开头，“最近的天气真热啊”或“最近在忙些什么呢”等，虽然这些寒暄语大部分并没有多大意义，但这些话可打破因为初次见面而无话可谈的尴尬局面，还可借此营造良好的谈话氛围，使谈话更好地进行下去。

要记住，适度的寒暄可以缓和、营造良好的氛围，但如果你过分地寒暄，对方可能会因为你的过度热情而产生反感，这样一来，你的目的就很难达到了。

2.表达方式多口语化

口语来自于生活常态，它自然、灵活、通俗、生动。而且，口语化不仅是一种表达方式的选择，更重要的是营造了一个自由、平等、开放的谈话空间。我们很讨厌别人打官腔，一旦对方这么跟你说话，你就知道再谈下去已经没有任何必要了。口语化营造的亲切氛围，让心的距离更近，让双方更容易敞开心扉。

比如，央视的著名主持人崔永元，就很善于用平民化的语言来营造良好的谈话氛围。崔永元的平民化语言，使得他好像在和嘉宾聊家常，这样的氛围打消了嘉宾的顾虑，使之能够轻松地畅所欲言。

3.善用幽默

很多实践证明，在交谈中，不时地使用一些幽默的语言，有助于营造良好的谈话氛围。

不可否认的是，有很多场合需要庄重，但是长时间地保持庄重会让人产生紧张的情绪，不利于话题的顺利进行。真正的谈话高手，不但能用幽默的语言表达比较重要的内容，还可以借此缓和紧张情绪、营造良好的氛围。

三言两语，及时打破僵局

在日常的社会交往中，任何人都难免有失言的时候，领导自然也不能幸免。此时要做的就是随机应变、设法缓和和化解因为失言造成的尴尬和僵局。这就要求领导们调整思维、巧妙应答，用别出心裁的话语为自己或别人打圆场。这时，说话者不要再在原来的话题上停留，而应换一个角度，尽力以新的话题和新的内容把原来的问题引开或转移，分散对方的注意力，这样才能救自己于“危难”之中。

央视著名节目主持人白岩松，以其能说会到的口才和随机应变的临场能力，深受广大观众的喜爱。

在“感动中国·2004年度人物”颁奖晚会的现场，白岩松作为主持人，除了要主持节目，还比别的主持人多了一个任务：送受奖者到台下，然后再迅速地跑上台去迎接下一位受奖者。

晚会进行的过程中，令人尴尬的一幕出现了：当在2004年雅典奥运会上获得世界冠军、被誉为“亚洲飞人”的刘翔准备上台时，白岩松却因为送一位受奖者下台，足足耽误了半分钟才上台迎接刘翔。在这半分钟里，刘翔不得已只能先跟台下的观众招手，再与另一位主持人握手，之后又做着各种各样胜利的姿势。

此时，刚刚返回到台上的白岩松意识到“冷场”了，于是，他急中生智，将错就错地说道：“我故意晚一会儿上台，让大家多欣赏一下我们的奥运英雄。看着我们的英雄做着各种各样动感强烈、美感十足的造型，大家说，是不是很过瘾呀？”

话音刚落，台下响起一片欢呼声。刹那间，颁奖晚会的现场气氛再一次被“点燃”了。再看看台上，只见白岩松正对刘翔作有条不紊的访问……

对于主持人来说，最忌讳的事情莫过于在众目睽睽之下出现冷场，哪怕是主持经验丰富的白岩松也未能幸免。但是，他的过人之处就在于能很好地利用自己的口才和临场应变能力。他将错就错地巧妙圆场，不但很好地化解了这次“现场危机”，而且没有让观众看出丝毫破绽，更是引来了台下的一片欢呼声。

当然，对于白岩松这样的说话高手来说，有这样的表现也是情理之中。打圆场就是从善意的角度出发，用巧妙的言语去缓和气氛、调节人际关系。打圆场也要讲究技巧，聪明的人只用一两句话就能扭转情势，化解对方的不悦，从而取得良好的交际效果。请看下面这则故事：

有一个刚刚学会理发的年轻人，开了一个剃头铺。尽管他的手艺没有多么精湛，但他很会说话，所以总是令他的顾客感到满意。

有一天，接连来了三位顾客。

他给第一位顾客理完头发之后，顾客说："理个头发只用了20分钟，太短了。"年轻人笑着对顾客说："现在呢，人人视时间为生命，'顶上功夫'速战速决，我帮您赢得了时间，就等于延长了您的生命，您何乐而不为呢？"这位顾客满意地离去。

他给第二位顾客理完头发之后，顾客说："留得太长了，手艺一般哪。"年轻人对顾客解释道："头发长使您显得很含蓄，这叫作藏而不露，非常符合您的身份。"顾客听完，高兴地离去。

他给第三位顾客理完头发之后，顾客说："头发太短。"年轻人面对顾客不紧不慢地说："短头发使您显得特别精神，还很朴实、厚道，令您让人感到亲切。"顾客听后欣喜地出了门。

故事中的年轻人真是能说会道。他那机智灵活的语言，不仅每次都能帮助自己摆脱尴尬，而且使顾客转怒为喜，高兴离去。

打圆场是一种说话的艺术。领导只有认真学习并掌握这门艺术，才能在特定的场合帮自己或他人有效地摆脱尴尬和困境，同时展示出机智过人的谈吐与无穷的个人魅力。那么，究竟应该如何打圆场呢？下面总结了几种方法，希望能对领导者有所帮助。

1.善用幽默的语言圆场

幽默是化解尴尬的良方。幽默的语言能使人转怒为喜，开怀一笑。

2.善用动听的语言圆场

用动听的话博得顾客的欢心，是故事中的年轻人用来给自己解围的第一要诀。每个人都喜欢听好听的话，年轻人正是利用了这一心理，在顾客抱怨的时候，有针对性地选择动听的话来讨客人欢心。这样一来，自然消除了顾客的不满，使顾客满意地离开。

比如说，年轻的理发师那句“短头发使您显得特别精神，还很朴实、厚道，令您让人感到亲切”，在动听的语言中夹带着一丝恭维，这就大大加强了话语的感染力和说服力。

3.用辩证的眼光圆场

任何事物都有两面性，都是相对存在的。比如，有对就有错，有利就有弊。因此，辩证地看问题，引导别人换个角度看问题，是打圆场的另一个技巧。故事中的年轻人正是运用这种技巧，他针对不同的情况，用巧妙的语言去解释，让顾客从一个新的角度去看待原来的不满之处，并体会到其中的妙处，从而接受了年轻人的观点。

第4章

领导者的演讲口才，震撼现场有力量

演讲是一种交际工具，一项语言艺术，一门口才学问，一种人才素质。从演讲艺术的发展进程中，我们不难看出：凡欲成大事者，无不努力锻炼，提高自己的演讲能力；凡已成大事者，无不推崇演讲的重要性。思想家追求真理需要演讲，政治家就职施政需要演讲，科学家破除迷信需要演讲，教育家传播知识需要演讲，企业家管理经济、实施经营也需要演讲……当然，作为企业里的一名管理者，领导更应以提升自己的演讲能力来聚拢人气，让员工更好地为企业作贡献。

讲好开场白，是演讲的基础

领导在日常交际的时候，或多或少地需要作一些演讲。要想在演讲的时候有出色的表现，达到吸引听众、收获人气的目的，不光要有精彩的演讲内容，还要有一个好的开场白。如果一开口不能吸引听众的注意力，那么，下面就算有再精彩的内容都是枉然。所以说，开场白直接关系到演讲是否成功。

如果开场白讲得不好，那么听众就有可能会对你接下来的内容不感兴趣，直接影响沟通的效果。反之，如果你的开场白很精彩，能立即吸引听众，激发他们继续听下去的兴趣，那么你的演讲注定会达到很好的效果。

由此可见，无论什么性质的演讲，开场白都很重要。领导们在作演讲的时候，如果开场白不能立即抓住听众的心，那么接下来你的演讲也不会收到好效果。所以，一些优秀的领导都很注重自己演讲时的开场白，并根据特定的听众和演讲的主题来选用一些与众不同的开场白。与众不同的开场白，能够唤起听众的兴趣和求知欲，产生巨大的吸引力，紧紧抓住听众的兴头，使听众非听下去不可。

在一次毕业欢送会上，班主任老师正在给学生们致辞。他刚一开口，台下的学生就露出了迷惑的表情。

他说："本来呢，我想说一些祝福的话，但是现在我改主意了，觉得这样不好。"这句话一下子把下面的学生弄得丈二和尚摸不着头脑，于是，大家屏息静气地继续听了下去——"说人生一帆风顺就如同祝愿某一位长者万寿无疆，是一个美丽而又空洞的谎言。人生漫漫，必然会遭到许多艰难困苦，在逆风险浪中拼搏的人生才是最辉煌的人生。祝大家奋力拼搏，在坎坷的征程中用坚定有力的步伐走出美好的未来。"班主任的话语给学生们留下了不可磨灭的记忆。

"一帆风顺"本来是一种常见的祝福语，但是这位班主任老师偏偏反其道而行，从另外一种角度悟出人生哲理。第一句话无异于平地惊雷，又宛若异峰突起，这样的开头，怎会不吸引听众?

好的开场白就像一个出色的导游员，能一下子就把听众带入讲话人为他们所拟定的场景中；好的开场白是讲话人奉献给听众的第一束多姿的鲜花；好的开场白最易打开局面，便于引入正题。因此，对于领导者而言，精心设计一个独特的开场白是很重要的，它的好坏直接关系到演讲的整个进程和效果。

下面归纳了一些独特的开场白采用的几种形式，希望对领导者有借鉴作用。

1.幽默式

在演讲时，以幽默、诙谐的语言或故事开头，能使听众迅速集中注意力，激发其兴奋点。

胡适先生在一次演讲时，就是以这样的方式开场的：

“我今天不是来给大家作报告的，我是来‘胡说’的，因为我姓胡。”话音刚落，就引起听众的一片笑声。这个开场不但巧妙地介绍了自己，而且活跃了台下的气氛，拉近了与听众之间的距离，为接下来的演讲作了一个很好的铺垫。

2.讲述故事式

用形象并且生动的语言讲述一个故事作为演讲的开场白，会引起听众极大的兴趣。

1962年，82岁的麦克阿瑟将军回到他的母校——西点军校，在发表演讲时他采用了这样的开场白：“今天早上，我走出旅馆的时候，看门人问我：‘将军，您去哪里啊？’”他一听我提到西点，就说：‘那可是个好地方，您以前去过吗？’”

这个故事情节极其简单，叙述也朴实无华，但饱含的感情是丰富的、深沉的。它既说明了西点军校在人们心目中非比寻常的地位，从而唤起听众心里强烈的自豪感，也表达了麦克阿瑟将军浓浓的眷恋之情。接下来的主体部分，自然是水到渠成。

3.自我贬低式

在一次联欢晚会上，台湾的著名节目主持人凌峰作了一段精彩的演讲，他的开场白是这样的：“在下是凌峰，尽管我得过‘金钟奖’和最佳男歌星称号，但是我不得不承认我长得确实很难看……一般来说，女观众对我的印象不太良好，她们认为我是人比黄花瘦、脸皮比炭球黑。”

其实，这种自我贬低并不会真的贬低自己，反而能表现出演讲者的幽默、机智、随和。用这种方式开场，确实能博得观众的掌声。

当然，方式不止这些，这里只列出常用的三种。具体的方式，领导们可以自己发掘。

总之，无论采用什么样的开头，主旨都是不变的，那就是抓住听众的心，吸引他们的兴趣，让他们全身心地投入到你的演讲中来。

抑扬顿挫，语调让演讲更生动

在日常交际中，很多领导在演说时，为了向听众显示自己流利的口才，总喜欢把话说得特别快。但是，往往事与愿违，听众非但不买他的账，反而表现得很不耐烦。听众们总是嘲笑这些领导不是在演说，而是在念“流水账”，从头到尾只有一种语调。之所以会出现这样的情况，主要在于这些领导过于追求快速或流畅，而忽视了语调上的变化。

事实上，过于追求“流畅”并非什么好事。语速稍慢、语调变化明显的演讲反而更能突出演说重点、增强语言表达效果，因此也就更能吸引听众。如果讲话者总是用一种平板的语调，那么，不仅讲话者所讲内容毫无特点，听众也会很快产生疲倦和厌烦的心理。

那么，什么是语调呢？

唐朝大诗人白居易说过这样的话："感人心者，莫先乎情，莫始乎言，莫切乎声，莫深乎义。"他强调的就是，声音的高低变化和快慢轻重，是增强口语表达能力的重要手段。

众所周知，口语表达是以句子为基本单位的。不过，由于讲话者对待事物的看法千差万别，再加上表达的意思和感情不同，因此，说话的时候会产生语调，以此来显示不同语气，所以，语调才有有高有低、有快有慢、有轻有重、有停有连的种种变化。讲话者借助语调上抑扬顿挫、轻重缓急的变化，表达出不同的感情和复杂的内容。

事实上，一个口语表达能力出众的人，在讲话的时候非常重视语调抑扬顿挫、轻重缓急的变化。即使一些枯燥晦涩的内容，从他们口中讲出来，也是悦耳动听、饱含感情，能牢牢吸引听众的。

法国有一个著名的歌剧演员，名叫格林。有一次，他去参加一个宴会。在宴会上，他用意大利语以及悲凄的语调把一张菜单朗读了出来，使宴会上的嘉宾们一时间都受到了他的情绪的感染，个个泪流满面。

上面这个例子很好地说明了语调在传递情绪方面的巨大作用。

语调的抑扬顿挫的变化在演讲或说话中同样起着至关重要的作用。演讲时，语调的抑扬顿挫的变化不仅能使演讲更加生动，还能传达演讲者丰富的感情。

善于运用这种变化，即便是抽象枯燥的内容也能讲得娓娓动听，牢牢吸引观众；如果不善于运用语调的变化，过于古板平淡，即使是生动有趣的内容，也会变得单调平淡，致使听众昏昏欲睡。

注意节奏，让演讲极具层次感

领导们在与人交往时，要想所说的话让人家爱听、喜欢听，就要注意控制好自己说话的节奏。否则，很难让别人明白你所说的是什么。

张凡在肯德基碰见了一位刚刚看完2011年NBA总决赛的小伙子。张凡问道："今年谁夺了冠军？"小伙子兴奋地说："小牛队大败热火队夺得冠军。"

张凡迷惑了：到底是小牛队打败了热火队获得了冠军，还是热火队打败小牛队获得了冠军呢？张凡打电话问了他的同事后，才知道是小牛队获胜了。

这位小伙子说的话之所以让人听不明白，就是因为他没有掌握好说话的节奏。

说话的节奏是指说话时不断发音和停顿形成的强弱有序和周期性的变化。简单来说，说话的节奏其实就是说话的快慢。"书面语"是借助标点符号把句子断开，以便使内容更加具体、准确的。而领导们在说话时则要借助节奏，来帮助自己传递信息或表达感情。

生活中，有很多领导根本不考虑说话的节奏。其中一些领导说话很快，一大堆话一口气就说完，别人听起来好像是打机关枪。而另外一些领导则相反，说话慢慢吞吞，半天也蹦不出一句话来。这两种极端的情况都是因为没有掌握好说话的节奏。说话时，领导们如果不懂得控制节奏，不仅不能发挥口才的魅力，还会导致沟通障碍，就像上文的那个小伙子一样。

而快慢适中、起伏有度的语言不仅有助于传递信息、帮助听者理解所说的内容，还使语言有了美妙的乐感，使人愿意听、喜欢听。

有位意大利的音乐家，一次，他上台后，并没有唱歌，而是把数字有节奏地、有变化地从1数到100，结果倾倒了所有的听众，有的听众甚至感动得流下了眼泪。可见，节奏在生活中是多么重要。节奏主要体现为快慢和停顿。说话没有节奏变化就会像催眠曲一样使人昏昏欲睡，反之，如果能够掌握好说话的节奏，就会使人愿意听、喜欢听。

某大学举办写作知识讲座，主讲老师在谈到细节描写时，提出了这样一个问题："请问同学们，男生和女生回到宿舍时，摸钥匙开门的动作有什么不一样呢？"然后就闭口不言，停顿下来，让同学们自己去揣摩。台下的大学生们活跃起来了，有的小声议论，有的举手回答，有的干脆掏掏口袋，模拟一下自己回宿舍时找钥匙的动作。等同学们讨论了一阵子之后，老师才说："据我观察，大多数女生上楼梯时，手就在书包里摸索，走到宿舍门口，凭感觉捏住一大串钥匙中的某一把钥匙，往锁孔里一塞，正好把门打开了。而大多数男生呢?他们匆匆忙忙地跑到宿舍门口，‘砰’地一脚或一掌，门打不开，于是想起找钥匙。摸了书包摸裤袋，摸了裤袋又摸衣袋，好不容易摸到了钥匙串，把钥匙往锁孔里一塞，门打不开，原来摸错了钥匙。”主讲老师的描述引起了会场中一片会心的笑声。等到同学们笑过之后，老师趁势总结道：“把男女生回宿舍摸钥匙开门的动作描述出来，就是细节描写，而细节描写的生动又来源于对生活的细致观察。”

这位写作老师很巧妙地利用了停顿，让听众探索悬念的答案，然后利用解答悬念的方式抛出讲学要点，取得了很好的教学效果，这就是利用说话节奏的妙处。

那么，领导们怎样才能把握好说话的节奏呢？其实也没有什么神秘的地方，只要掌握了什么地方应该加速、什么地方应该减速，自然就能做到这点。

第一，说话时应该加速的地方有：讲到任何人都知道的事情，或不太重要的事情，或精彩的故事进入高潮时等情况，此时需要加快语速。

第二，说话时应该减速的地方有：讲到需要特别强调的事情，或极为严肃的事情，或使人感到疑惑的事情；另外，在讲到数据、人名、地名等时，也需要减慢语速。

下面归纳了几种常用的语言节奏，领导在日常的谈话中若能有效运用，也能达到吸引听众的效果。

1.轻快型

轻快型语言节奏是最常见的，听来不费力。日常性的对话，一般性的辩论，都是使用这类型的节奏。

2.凝重型

这种节奏听来一字千钧，句句着力。要求声音适中，语速适当，既不高亢，又不低沉，重点词语清晰沉稳，次要词语不滑不促。此类型多用于发表议论和某些语重心长的劝说。

3.高亢型

高亢的节奏能产生威武雄壮的感觉。高亢型的语言声音偏高，起伏较大，语气昂扬，语势多上行。此节奏类型多用于鼓动性的演说，或叙述一件重大的事情，或宣传重大决定及激动人心的事情。

4.舒缓型

这种节奏是一种稳重、舒展的表达方式。声音不高也不低，语速从容，既不急促，也不大起大伏。舒缓型节奏多用于说明性和解释性的叙述。

5.紧张型

紧张型节奏，往往显示迫切、紧急的情况。声音不一定很高，但语速较快，语句一般不延长或停顿。这种节奏多用于下级向上级汇报情况。

分清主次，突出演讲主题

生活中，人们讲话总是有目的的，要么为了表达意愿，要么为了表达情感。领导者当然也不例外。因此，领导者在讲话的时候，应该围绕一个主题去讲。换句话说，就是领导者讲话要有重点。

领导者说话要有重点，这就要求领导在讲话时能突出中心，把话说明白。只有这样，你的意见或建议才可能被听众领会、接受。如果说话没有重点，信马由缰、不着边际，想要表达什么就表达什么，那么只会出现一种结果：你讲了半天，可听众还是云里雾里，不明白你到底要表达什么或者你讲的这些到底有什么意义。

有位总经理在年初的动员大会上，作了一段报告，可在报告结束的时候，他的下属们依然是一脸的茫然，不明白他到底想说什么。

总经理说："新的一年到了，我们公司今年的销售目标是要达到3000万元，我们的产品质量一定要过关，要花3个月的时间去攻克技术难题，销售目标最好能在10个月内就完成，关于财务问题……公司的奖励制度是这样的……"

这位总经理从一开始就没有给听众一个明确的信息，而是想到什么就说什么，没有重点，也难怪下属会有如此反应。究其原因，主要是这位总经理在开口说话之前没有确立要表达的中心思想，边想边说，以至于说话时中心不突出。

领导者想要表达什么意思，应该事先在脑子里作一番思考，对想要表达的内容作一些梳理，确定了中心思想后，再按照合理的顺序，先说什么，后说什么，一一表达出来。

如果一个主题涉及的方面很多，那么就要求领导者讲得有条理、有逻辑性，一环扣一环，使人一听便知道领导者的主要意图和论据依据。如果一次讲话有多个主题，可以有目的地把它们分开来讲，或者先讲要点，以便听者掌握。下面来看看大科学家法拉第的老师戴维是如何围绕自己要表达的主题讲话的。

大科学家法拉第年幼的时候，是一个穷孩子。在为装订商和图书出版商做学徒时，偶然的机会使他接触到关于“电”的文章，从此他迷上了学习科学知识。后来，经过一位好心人的帮助，他认识了著名的化学家弗莱·戴维。他把自己记的一本关于戴维讲座的笔记和一封信一起交给了戴维，戴维才认识了法拉第，并邀请他到家里做客。下面是二人见面时说的一番话：

戴维说：“很抱歉，法拉第先生，我不得不告诉你，那边的实验仪器随时都有可能爆炸，因此我们的谈话也可能随时被打断。不过，看来你今天很幸运，因为化学仪器这会儿还没有爆炸。法拉第先生，你记的笔记我看过了，你能告诉我你上的是哪所大学吗？”

法拉第答道：“我没有上过大学，尊敬的先生。”

戴维惊讶地说：“是吗？天哪！那怎么可能？你记的笔记里已经说明了你肯定上过大学，要不然怎么能了解那么多科学知识？老实告诉我事实。”

“我喜欢科学知识，所以我就尽可能去学习，并且我还在房间里建立了一个很小很小的实验室，先生。”

“是么？小伙子，我太感动了。不过，很明显，你是没有在充满危险的试验室里干过，才愿意到我这里来的。你知道吗，搞科学太艰苦了，虽然你付出了很多劳动，报酬却少得可怜。”

“对我来讲，只要能做这件工作，就是最大的报酬。”

“你看到我左眼旁边的这块伤疤了吗？这是一次在做关于氢气的实验时，爆炸留下来的纪念。我想，你在商人那里装订图书总不至于让你出血或被电晕吧？”

“是的，的确没有过。可是，每当我翻开那些装订的科学书籍时，那些知识经常让我目瞪口呆……”

经过一番交谈，两个人都很开心，法拉第顺利进入了戴维的实验室工作……

这段有趣的谈话，的确是重点突出、详略得当。化学家戴维自始至终强调的都是从事科学研究不是一件轻松快乐的事情，需要付出艰苦的劳动，甚至要付出伤残或牺牲的代价；而法拉第表达的是对科学知识的强烈渴望，对科学的执着追求。两人讲话时都有着明确的主题，所以，两人才能达到如此良好的沟通效果。

总之，领导无论在演讲还是说话的时候，都不能忘记说话的目的，也就是此番想要表达什么内容，在说话时要紧紧围绕主题展开谈话。你展开的谈话内容就是为了论证你的主题。或者你演说的意义，只有突出重点的演说，才能被听众认可，才能称为一次成功的演说。

注意停顿，吸引听众注意力

领导在日常的口语表达中，要想让你说的话听起来有节奏感，就要学会让你的语言在恰当的、合适的时机“停顿”下来。停顿，是指口头表述中，词语之间、句子之间、段落之间、层次之间在声音上的间断。领导无论是说话还是演讲，如果不注意停顿，那么都是无法传情达意的；如果没有适当的停顿，有时还会造成表意的错误。而好的停顿处理，不仅是表达说话意图的需要，也是增强语言表现力和精确性的需要。

20世纪50年代初，有一位知名作家曾经主持一场中外记者招待会。会议期间，有一位外国记者问他：“中国有没有妓女？”作家回答道：“有！”然后停下来向四周看看……几秒钟后，作家接着说：“那是在旧中国。”听完作家这句话，场下响起雷鸣般的掌声。

在这则故事中，作家恰到好处的停顿使他后面的话产生了更深的含义。

英国的一位议员在一次关于建筑工人的演讲中，突然停顿，取出怀表，站在讲台前一声不响地看着听众，时间长达

20秒之久。正当观众迷惑不解之时，这位议员说话了："各位刚才感到局促不安的20秒钟，就是普通建筑工人垒一块砖所用的时间。"

这位英国议员用停顿的方式，在表现演讲内容的同时，吸引了听众的注意力。这种运用停顿的功力绝对是炉火纯青。当时，伦敦各大报纸将此事作为新闻争相登载。

由此可见"停顿"在演讲和讲话中有着多么重要的作用。

然而，在现实生活中，有很多领导并没有注意到这一点。他们总是在滔滔不绝地展示自己的口才，总希望给人们留下"能说会道"的印象。可是，他们的谈话真的很受欢迎吗？答案是——也不尽然。这些人误将"说个不停"当成一种优势，一向自我感觉很好。他们不顾听者的感受，不顾听者的表情，总是自己说个不停。也许听者在第一次面对这样的人时会佩服他们的口才，甚至会为他们拥有这样的口才感到嫉妒。但是，如果这样的人跟你说话的次数多了，相信你也难以忍受这样的"机关枪"，更别提对他们产生好印象。因此，在说话的时候一定要学会停顿，尤其是在合适的时机停顿，更是能给你带来意料之外的收获，就像上面那位作演讲的英国议员。

停顿，也是一种语言表达上的技巧。要想掌握这种技巧，就要了解一下这种技巧的种类。

在一般情况下，停顿可以分为以下四种：

1.语法上的停顿

这一种类主要是根据语句中的标点符号来停顿的。

不同的标点符号有着不同的停顿时间和停顿方式。比如，段落之间的停顿是停顿时间最长的，而顿号的停顿时间是最短的。逗号、分号、冒号的停顿时间长于顿号，而短于句号、问号、感叹号。

2.感情上的停顿

这种停顿也称为“心理停顿”，主要是为了表达语言蕴涵的某种感情或心理状态所采用的停顿。

恰当地运用感情停顿，可使疑虑、紧张、沉吟、想象、回忆、思索、悲痛等各种感情和心理状态表达得更准确。感情停顿是一种特别重要的表达技巧，它能充分展现“潜台词”的魅力，使听众从“停顿”中体会语言的丰富内涵以及难以言表的感情，从而使语言更具打动人心的力量。

3.逻辑上的停顿

文字语言中有标点的地方一般都需要停顿，但在一个句子中间，为了准确地表达语意，揭示语言的内在联系，可根据文义合理地划分词组，作一些适当的停顿。

词组之间的停顿千变万化，到底是停还是连，要以表意准确清晰为出发点，然后作出适当的选择。

4.生理上的停顿

即在演讲或说话的时候停下来换口气。一般来讲，这种停顿是与上述三种停顿结合使用的。因为这种停顿必须服从语法、逻辑和事态的需要，一般不单独进行。

总之，对于领导而言，讲话时的“停顿”，需要掌握好技巧。因为，有意识的停顿不仅能使你的谈话具有层次感，还可以突出重点，吸引听众的“眼球”；适当的停顿，能够使听者明白你所讲的内容究竟分为几个段落，做到前呼后应。只有条理清楚的讲话，才具有更强的说服力，更加使听众佩服你的口才。

注重互动，让听众产生共鸣

现如今，有很多领导者在演讲的时候总是犯这样的错误：只顾自己在演讲台上“自说自话”，全然不把听众放在心里。至于听众是否对他的演讲感兴趣，或者能否接受他的观点，这些根本不在他的考虑之中。其实，演讲和谈话一样，是双方的“言语”交流。所以，它需要演讲者和听者的共同参与，如此才能达到演讲的目的。

演讲的目的就在于向听众传达一种思想、一种态度或者一种观点，并希望得到他们的认可和接受，从而达到鼓励人、教育人的目的。因此，领导者在作演讲的时候，要想让听众接受你的思想，就必须和听众在情感上产生互动，在思想和心理上产生共鸣。如果领导者只知道在讲台上滔滔不绝而不把听众放在心里、不顾听众的感受，那这样的演讲还有什么意义呢?

领导者在演讲的过程中，要想与听众产生共鸣、产生互动，方法其实有很多。比如，可以寻找与听众之间的共同点，以拉近双方之间的距离。

英国前首相哈罗德·麦克米兰受邀到印第安纳州绿堡的德堡大学给毕业班的学生作演讲时，就是这样打开沟通的通道的：

“我很荣幸受到贵校的邀请，能来到德堡大学进行演讲，我感到很亲切。虽然我现在身为大英帝国的首相，但我想这恐怕不是我被邀请的主要原因。我的母亲出生于印第安纳州，我的父亲是德堡大学的第一届毕业生，所以，我与印第安纳州和德堡大学都有着密切的关系，我以能够受到这里的传统教育的熏陶而备感骄傲。”

哈罗德·麦克米兰用朴实、充满感情的语言打开了与听众交流的通道，说出了自己与听众之间千丝万缕的联系，从而使听众产生情感和心理上的共鸣，不但迅速地为自己赢得了友谊，更为演讲的成功奠定了基础。

然而，领导者演讲时要想一开始就与听众产生共鸣、互动往往很难，除了要发掘你与听众之间的共同点之外，还应针对听众的特征，仔细分析他们的兴趣所在，设计出符合他们口味的演讲风格，这样才能将自己的思想或观点有效传递给听众，达到演讲的目的。

那么，除了上述的“发掘你与听众之间的共同点”这一方法之外，还有哪些方法或技巧能够让领导者在演讲的时候与听众产生良好的互动和共鸣呢？下面总结了几个方法，希望领导者在演讲的实际过程中加以运用，更好地传达自己的观点或思想。

1.告诉听众你要说什么

领导者在面对听众进行演讲时，应先设想他们要听你说些什么。领导作为演讲者，作为众人瞩目的中心，如果不能考虑到听众，只是一味地以自我为中心，自己想说什么就说什么，那么你很快就会发现你面对的是一群烦躁不安的听众，他们对你的演讲表现出不感兴趣或不满，乃至不时地左顾右盼。这样的反应对任何一位演讲者来说都是一种打击。

因此，领导者在开始演讲之前可以问问自己："你的演讲主题对听众有什么好处？能否帮助他们解决一些问题？"然后再开始讲给他们听，这样必然可以使他们做到聚精会神。比如，你是一位理财专家，你在一开始的时候可以这样说："我现在可以告诉你们一个把100元变成1000元的方法。"不管怎么样，只要你把听众真正地放在心上，就一定能够在你的专业领域内找到对听众有帮助的话题。

2.让听众参与演讲的过程

领导者在演讲时，借助一些小技巧让听众参与演讲的过程，是与他们产生互动和共鸣最好的方式之一。这样做的好处是使听众跟着你的思路去关注你的每一个词汇。

比如，你为了说明汽车在不同速度下紧急刹车后还需多长时间才能停下来这个问题，可以邀请台前的一位或几位听众来帮助你共同完成这个实验。你可以让听众当标杆，还可以让听众拿尺子来丈量距离……

如果能够让听众参与到你的演讲过程中，听众就变成了你的合作人，而不再是单纯的听众了。这样可以有效拉近你与听众之间的距离，让听众感觉他们也是“演讲者”，令其更容易产生亲切感，你的观点也就更容易被听众接受了。

3.对听众表示赞赏

领导者在演讲时，如果能对听众做过的值得赞美的事情表示赞赏，他们就会获得心理上的极大满足，会在心理上主动拉近与你的关系，并更容易接受你的观点或思想。

不过，领导者要记住的是，在说赞赏的话时要充满真诚。没有诚意的话语，只会让他们感到你很虚伪，甚至顿生反感。如果你真的不会说赞赏的话，那最好的办法就是不要开口，否则可能会因为赞赏不当而让人产生误解。

第5章

领导者的魅力口才，侃侃而谈赢信任

领导威信是检验现代企业领导称职与否的重要尺度，它反映了领导者在下属心目中的形象和分量，体现着下属对领导者的认可程度。领导者在下属中的威信是通过自己的言行树立起来的。与下属谈话不能像朋友之间的聊天、想怎么说就怎么说，它是有一定技巧的。领导者说话有威信，下属就乐意接受他的指令，并认真执行；如果没有威信，就难以得到下属的尊敬和服从。

谨言慎语，三思而后说

世界上大部分人天生就有说话的能力，但并不见得每个人都会说话。也许有人会对此嗤之以鼻，反驳说，说话这么简单的事情谁不会？动动嘴就说出来了。其实，说话远远没有那么简单。

俗话说："三思而后行。"意思是说，在做事之前一定要经过深思熟虑。实际上，不仅做事情要这样，说话更应该如此。说话之前也必须三思，如此才能确保说话的质量。"说出去的话，泼出去的水"，一旦说错了话，那些话就如泼出去的水，想收也收不回来了，只会对别人造成伤害或导致无法弥补的局面出现。

一项调查显示，在谈话过程中出现的失误，几乎有85%都是由于没有认真考虑造成的。比如，有的人喜欢跟人开玩笑，却不能把握玩笑的"度"，说话时往往不顾场合，不考虑对方的身份，结果造成十分尴尬的局面。这不仅影响自己的人际交往，对以后的事业、人生等也没有一点好处。

明朝开国皇帝朱元璋，出身贫寒。很小的时候就开始给别人家放牛、给有钱人家做短工，最困难的时候甚至为了吃饱肚子而出家当和尚、沿街乞讨。不过，就是这样一个人人都看不起的小人物，后来竟然建立了自己的国家。

朱元璋当上开国皇帝之后，有一天，他儿时的一位伙伴来求见。朱元璋也很想见见这位老朋友，不过又怕他当众说出他们那些不堪回首的经历；但犹豫再三之后，还是决定召见这位老朋友，他心想：总不能让别人说我现在富贵了就忘记了旧情。这个人一进大殿就跪下行礼，高呼万岁，还说道："当年微臣随驾扫荡庐州府，打破瓦罐城。汤元帅在逃，拿住豆将军，红孩子当兵，多亏菜将军。"朱元璋见他对自己满是敬仰之情，且用词十分含蓄，而朱元璋回忆起当年大家在一起有福同享、有难同当的情形，心里十分感动，于是重重赏了这位老朋友。

很快，朱元璋不忘旧情、重赏老朋友的事情就被传得沸沸扬扬。朱元璋的另一位少年时的伙伴听到这件事情后，也想借此发一笔横财。于是，他也去求见朱元璋。他见到朱元璋高兴极了，就站在大殿上指手画脚地说："陛下您还记得小时候吗？当时咱俩都给有钱人家放牛，有一次，我俩把偷来的豆子放在瓦罐里煮着吃，可是还没有煮熟我俩就抢起来了，结果把瓦罐打破了，豆子撒了一地。你那时只顾抓地上的豆子吃，结果不小心把红草根卡在喉咙里，还是我帮着你解决了问题。"说完表现出一副得意的样子。

当着文武百官的面，朱元璋实在下不了台，他又气又恼，说道："这个人是从哪里来的疯子，满口胡说八道，来人，将他拉出去砍了。"

二人都是朱元璋儿时的朋友，讲的又都是儿时的经历，为什么第一个朋友得到了重赏，而第二个朋友却因此被砍了头？究其原因，主要在于第一位朋友在说话的时候经过了深思熟虑，知道什么该说、什么不该说，他的话重点在于突出朱元璋当年的英勇和对自己的帮助，让身为皇帝的朱元璋听着顺耳，并且有面子；而第二个朋友却是将以前的事情当众直接说了出来，想到什么就说什么、想到哪儿说到哪儿，全然不顾及皇帝的感受，落个被砍头的下场也就不足为奇了。

因此，领导说话前一定要三思，这样做不仅是对听者的一种尊重，也是对自己的一种保护。经过精雕细琢的话，往往能为自己的形象和人格加分，同时也是为自己留下一条退路，即使沟通的过程不如自己想象得那样顺利，最起码不会那么尴尬。

为什么有些领导说的话就入耳，让人听起来舒服；而有些领导说的话却像机关枪一样，让人听起来像吃了火药？很简单，前者说话经过了认真思考，而后者却没有。阿里巴巴的创始人马云说过这样一句话："傻瓜用嘴说话，聪明的人用脑子说话，智慧的人用心说话。"意思是说，只用嘴巴、不用脑子说出来的话是傻话，而聪明的人则经过大脑思考，用心说话则又上了一个层次。话说到这里，领导们应该知道该如何说话了吧？

说话有理，不说毫无根据的话

领导者拥有好的口才固然重要，但说话办事切记要以理服人，而不能以权服人，或以权压人。以理服人就是摆事实、讲道理，让下属从领导者讲的事实中领悟到道理，从而接受领导的建议，遵照领导的建议行事。领导者在劝导说理时要讲究以事实例证为依据，既不能讲空话、大话、套话，也不能像作报告那样"宽纵面、大纵深"，而应实实在在地论证说服。

在日常生活中，许多时候都离不开说服。比如，父母说服自己的子女学钢琴、学外语，老师说服学生少看电视，干部说服群众遵守制度，店里的售货员说服顾客购买商品等。说服别人转变原来的想法是有意义的，但也是不容易的。

领导者要想向下属证明自己的观点，就一定要学会用事实来说服下属。以理服人最重要的一点就是摆事实，出言有据、论证有力、道理明白，如此，对方的观点就会不攻自破。这个事实有可能是一些数据，也可能是一些已经发生的事情，还可能是来自行业的一个标准等。千万不要轻视这些事实，因为只有事实才最具说服力，才能让人把抽象的事物具体化，才能使对方从事实中感受到领导观点的可信度，从而彻彻底底地信服领导作出的决定。

在第二次世界大战中，有一位海军士兵被派往一艘油轮上执勤，跟他一同被派去的还有他的一位战友。但是，当任务具体下达的时候，他们都表示不愿意接受这项任务。因为他们听说，在油轮上执勤，一旦油轮被敌军的鱼雷击中，大量汽油爆炸，顷刻之间就能把他们送上天。为此，他们感到十分恐慌。

下达命令的海军军官听说此事后，就找到了他们两个人，他向他们提供了一些准确的统计数字：被鱼雷击中的100艘油轮中，有60艘没有沉到海里。而在真正沉下去的40艘油轮中，只有5艘是在不到5分钟的时间内沉下去的。所以，他们有足够的时间跳下船。也就是说，死在船上的可能性很小。

这样一算，知道了这些平均数字之后，那两位海军士兵的恐慌一扫而光，于是，他们欣然接受了任务。

士兵们最终之所以能够接受任务，主要在于海军军官的说理方式，他以实实在在的事实为证据，而不是简单地讲大道理、空话或大话，所以他最终使那两位士兵信服。可见，用事实来支持观点，是一种最有力、最科学的说理方式；而准确的统计数字就更有权威性，能够让人深深地信服。

然而，现在企业中有很多领导者在说服下属的时候往往忽略了以事实做依据或用事实说话的重要性，而是花很大精力向下属描述宏伟的蓝图，告诉他们能够获得多大的利益，又或者赞美前景是多么美好……但是，无论你讲得如何天花乱坠，给出的理由如何多，都不一定能够说服下属。原因很简单，他们没有得到准确的信息，他们听到的都是大话、套话，甚至是空话。这样没有实际价值的话，自然不会让下属信服。

俗话说得好：“有理胜三分。”事实胜于雄辩，“用事实说话”是说服对方最犀利、最有效的方法。因此，擅长用事实说话，是领导者说服下属时必须掌握的方法。

那么，“用事实说话”时应该注意哪些问题呢？下面总结了几条建议，希望能对领导者有所帮助。

1.道理要讲清

领导者“用事实说话”的前提就是自己先要明理。在说服下属时，领导者要清楚地阐述事件的理论依据，这些理论依据必须是对方理解的理论。讲清的过程是逻辑思辨的过程。说理时，分清哪些先讲、哪些后讲、哪些重点讲是关键。这些是为下一步的例证作准备。

2.用事实说明或举例说明

领导者要举出大量的实例来证明你所阐述的理论是有根据的，当然，这些例子越现实越好。

在选择事实的时候最好具有典型性，因为只有典型的事例才能反映出事物的本质和规律，才有证明意义。

选择的事例还必须真实可靠。一旦你采用的事例被对方识破，那么，所有的事实都将成为怀疑的对象，就会因此失去说服的力量。另外，领导者在举例的时候语言应该简明扼要，将道理说清、说明白就可以了，切忌啰唆、画蛇添足。

权威效应，让下属心服口服

所谓“权威效应”，指的是如果说话者地位高、有威信、受人敬重，那么他所说的话就容易令他人重视并相信其正确性。权威效应之所以普遍存在，主要有如下两个方面的原因：一个是人们具有安全心理，也就是说，人们总是觉得权威人物常常是正确的楷模，服从权威人物会让自己具有安全感，增加了不会出现错误的“保险系数”；二是人们都具有获得赞许的心理，人们总是觉得权威人物的要求常常与社会规范相一致，按他们的要求去做，就会获得各个方面的赞许与奖励。

在美国，一些心理学家做过这样一个试验：他们在给某一大学心理学系的学生们讲课的时候，给学生们介绍了一位从外校请来的德语老师，并对他们说这位老师是德国非常著名的化学家。上课的过程中，这位著名“化学家”煞有介事地拿出了一个装有蒸馏水的瓶子，并告诉学生，这是他最新发现的一种化学物质，有一些说不清的味道，让在座的每个学生闻到气味时就举手，结果大部分学生都举起了手。

明明是没有气味的蒸馏水，为什么被大部分学生认为是有气味呢？其实这就是社会中存在的一种的普遍心理现象，即“权威效应”。

在现实生活中，利用“权威效应”的例子还有很多。比如，做广告时请权威人物赞誉某种产品，辩论说理时引用权威人物的话作为论据等。在人际交往中，利用“权威效应”，有时还能引导或改变对方的态度和行为。作为一名管理人员，领导应该树立起自己的威信，该严肃时就必须严肃。当你的下属犯了错误之后，就必须得到相应的惩罚。否则，你的训话就会被他们视为儿戏，你这样的管理者就是不合格的。

举世闻名的航海家麦哲伦完成了环球一周的壮举，从而证明了地球是圆的，改变了人们一直以来的天圆地方的观念。而他的成功正是源于得到了西班牙国王卡洛尔罗斯的大力支持。那么，麦哲伦在当时是怎样说服国王赞助并支持自己的航海事业的呢?原来，麦哲伦利用了“权威效应”，请了当时著名的地理学家路易·帕雷伊洛陪同自己去劝说国王。

那个时候，由于受到哥伦布航海成功的影响，很多骗子都想打着航海的招牌来骗取皇室的信任，从而为自己骗取金钱，因此，国王对一般的所谓航海家都持怀疑态度。而和麦哲伦同行的帕雷伊洛却久负盛名，是人们公认的地理学界的权威，因此，国王非但不怀疑他，反而非常信任他。

由于这种心理作用的驱使，在帕雷伊洛给国王历数了麦哲伦环球航海的必要性与各种好处后，国王心悦诚服地同意支持麦哲伦的航海计划。也正是因为权威效应的作用，才促成了这一举世闻名的成就。但事实上，在麦哲伦环球航海结束之后，人们发现，帕雷伊洛对世界地理的某些认识是不全面甚至是错误的，他得出的某些计算结果也与事实有偏差。

从这个例子中，我们不难看出，在谈话中要想让别人支持自己的观点，恰当地利用权威效应，不仅可以节省很多精力，还会收到非常好的效果。在企业的日常经营与管理中，领导的工作其实就是一种发挥自身威信产生力量的工作，一个善于树立威信的领导往往容易受大家的欢迎和认可，也会给企业创造优良的业绩。而一个威信不高的领导，开展工作就如逆水行舟，时常会遇到人为的阻力和压力，经常会陷入说话没人听的尴尬境地。

那么，如何利用权威效应让人信服自己所说的话呢？

1.说话要言简意赅

如果你平时注意观察就会发现，真正有权威的领导往往都注重总结，只有那些地位稍微低一些的领导才会对自己的下属唠唠叨叨。所以，要树立自己的威信就要做到言简意赅。

2.最后出场讲话

“重点置之于后”的心理，中国人最具有代表性。说话时，越将重点放在后面，越能显示说话的重要性；同样，开会时，官阶越高的人越晚到。

3.说话要有自己的风格

要想让别人时刻不忘自己，就要有自己的特色。做到最优秀很难，但是做到拥有自己的风格则比较容易。作为领导，在说话时，你要为自己树立一个独特的商标，让大家很容易认出是你。比如，加入一些比较有独特风格的“句式”“口头语”等。

用眼神的力量，获取下属的信任

平时，人们用嘴巴说话，用眼睛视物，还可以用眼神达到交流的目的。美国19世纪著名的哲学家劳夫·沃尔多·爱默生曾说："人的眼睛和舌头说的话一样多，不需要字典，却能从眼睛的语言中了解整个世界。"确实，眼神这种看起来悄无声息的交流可以直达人心，也是在交流的过程中不可或缺的。心理学家通过研究发现，在交流中，语言所占比重为7%，声调占了37%，而眼神和肢体动作所占的比重却高达56%。其中，眼神是最重要的交流工具。

荣获第21届美国夏威夷国际电影节最佳影片大奖的中国电影《紫日》，里面的三位主人公杨玉福（中国人）、秋叶子（日本人）、娜加（俄罗斯人）就充分运用了眼神的交流。因为三位主人公来自不同的国家，所以语言不通；但是，尽管不能用语言交流，他们却通过眼神的交流，最终达到了与语言交流同样的目的。

当秋叶子与她的同学在草屋里被发现时，眼里满是惊慌，还噙着泪水。同学自杀后，她的眼中除了惊慌，更多的是恐惧和愤怒。当杨玉福发现秋叶子是日本人，想到自己的母亲被日本人残酷地杀害时，就目不转睛地瞪着她，仇恨就像一把利刃从眼中迸射出来，他想杀死秋叶子。当音乐盒清脆的声音使原本僵持的局面变得缓和后，杨玉福眼里又流露出同情的神色。当他和娜加对视的一刹那，娜加仿佛一下子明白了他的意思，便阻止同伴杀掉秋叶子。

当他们走出雷区后，娜加的眼神告诉杨玉福，让他杀掉秋叶子。当杨玉福举着刀慢步走向秋叶子时，年轻的秋叶子眼神中流露出恐惧和乞求，使杨玉福犹豫了起来，一切思想活动都表现在眼神之中。结果杨玉福只是割断了捆绑她的绳子，而此时的秋叶子眼中则多了一份信赖。

最后，在大兴安岭发生火灾，危难就要发生的千钧一发时刻，秋叶子用一种自信的眼神告诉大家，让大家相信自己，并用一种常人认为冒险的方法救了众人。

当他们一个个从趴着到站起来，用一种探求的目光看到其他人之后，又欣喜地笑了。是秋叶子把他们从死神手里拉了回来，娜加也不再用仇恨的目光看秋叶子了。所有人的眼神中都充满了真诚和感谢。

而在这一系列的活动中，眼神架起了他们沟通的桥梁，也使大家的关系发生了微妙的变化。在电影中，眼神成为一种无声的交流工具，而交流却又是畅通无阻的。这就是眼神交流的力量。

由此可见，眼神是最具表现力的体态语，能传递丰富的信息和情感。因此，领导在与下属的交流过程中，除了要学会运用“有声语言”外，还要在说话的时候配合适当的眼神，学会运用眼神的力量。只有这样，才能够更多地获取下属的信任。

既然眼神在交流沟通中有如此重要的作用，那么，领导就要学会善于运用眼神。下面是运用眼神的一些技巧，希望能在实际的交流中对领导们有所帮助。

1.注意视线接触对方的时间

在谈话交流时，要注意视线接触对方的时间。

比如，不能直视或长时间地凝视对方，这是一种不礼貌或挑衅的行为；如果交谈时完全不看对方，会被别人认为你很傲慢、自高自大，或者企图掩盖什么，如慌张、空虚等。

2.注意视线停留的部位

在沟通交流中，运用眼神时要注意根据关系亲密程度来确定视线停留的部位，也可以依据语境、场合来确定。

比如，领导与下属间的谈话，运用严肃注视，即视线停留在对方前额的一个假定的三角形区域；朋友间的谈话，则使用亲密注视，即视线停留在两眼与胸部之间的三角形区域。

3.注意眼神的变化

眼神的变化能够准确地传递某种信息。

不同的视觉方向表达不同的含义，比如，仰视表示思索，俯视表示忧伤，正视表示庄重，斜视表示蔑视等。

另外，眼神的变化要自如协调，要与有声语言有机地结合在一起，不能只顾眼神、不顾其他或两者分离。眼神的变化要与其他的表情动作协调一致，使之成为一个有机的整体。眼神变化后，即完成了一个意思的表达，之后要马上恢复正常，否则就会造成词不达意的后果。

面带微笑，令下属如沐春风

“笑”是人类表情达意最基本的方式之一，也是言谈交流中有力的工具。笑，能传递快乐；笑，能打破僵局。相比较而言，会笑的人在社会交往中比那些严肃的人具有更大的优势，更善于促进人际关系的和谐和增进朋友之间的友谊。

在笑的范畴中，人们最推崇的就是微笑。微笑是最重要的一种表情语言。微笑具有强化有声语言沟通功能，增强交际效果，改善形象，拉近距离等多方面微妙、奇特的作用。

美国著名的“旅馆大王”希尔顿就是靠微笑发了大财的。

希尔顿在一次新旅馆营业员工大会上问大家：“现在我们旅馆新添了一流的设备，你们觉得还应该配上哪些一流的东西，才能使顾客更喜欢希尔顿旅馆呢？”员工们很快就提出了自己的意见，但希尔顿并不满意，他说：“你们想想，如果旅馆只有一流的设备，而没有一流服务员的微笑，顾客会认为我们提供了他们最喜欢的全部东西么？如果缺少服务员的美好微笑，能使我们的上帝有回家的感觉吗？”

稍停片刻，希尔顿接着说：“我宁愿走进一家设备简陋而到处充满服务员微笑的旅馆，也不愿去一家装饰富丽堂皇但不见微笑的旅馆。”正是微笑，让希尔顿旅馆赢得了大量的顾客，给希尔顿带来了信誉和成功。

的确，微笑是人际沟通的通行证。微笑能给人以温暖，令人愉悦和舒畅。微笑还能让你更有亲和力。曾创下20年未被打破的世界寿险推销记录的“推销之神”原一平，就凭借“微笑”给自己赢得了大量的客户和巨大的荣誉。

原一平进入寿险公司后，一连跑了好几个月都没有什么成绩。他仔细分析了情况之后，明白了——在面对陌生人的时候，要想让他心甘情愿地掏钱来买保险，就应该想方设法让顾客信任你，让你更有亲和力。只有具备了这样的前提，你才能有机会向他们介绍你的保险，并被大家了解和接受。

但是如何才能给客户以亲切的感觉呢？原一平决定从改变自己的言谈举止、穿着打扮、表情开始。为此，他专门买了一套二手西装。当他穿上西装去拜访客户的时候，他发现自己的表情不够好，这是唯一的不足。为了达到良好的效果，他每天回家都要对着镜子练习三个小时的微笑。“功夫不负有心人”，当可以自然而恰到好处地微笑时，他发现人们对他的态度有了很大的改变，因为没有谁会拒绝一张真诚的笑脸。

就这样，没过多久，他的销售业绩慢慢地赶了上来。最后，他的业绩终于成了公司的第一名。他觉得这些成绩都得益于微笑的力量。而后来，他也因为微笑被评为世界上最有亲和力的推销员之一。

微笑富有魅力，微笑招人喜爱。英国诗人雪莱说：“微笑，实在是仁爱的象征，快乐的源泉，亲近别人的媒介。有了笑，人类的感情就沟通了。”确实，微笑可以缩短人与人之间的距离，化解令人尴尬的僵局，是沟通彼此心灵的渠道，使人产生一种安全感、亲切感、愉快感。当你向别人微笑时，实际上就是以巧妙、含蓄的方式告诉他，你喜欢他、你尊重他，这样，你就很容易博得别人的尊重和喜爱，赢得别人的信任。

微笑既然有如此的魔力，那么是不是所有的微笑都有这样的魔力呢？答案是否定的。只有真诚的、发自内心的微笑才具有如此的力量。真诚的微笑是一片诚心的体现，也只有真诚的微笑才能化解人与人之间的隔阂，拉近人与人之间的距离，让你变得更亲切。

微笑看似简单，但是，要想把握得恰到好处，也不是一件容易的事情。微笑把握得不到位，经常会出现这样一些问题：笑过了头，嘴巴咧开得太大，给人一种傻乎乎的感觉；还有就是皮笑肉不笑，让人看上去觉得很不舒服。那么，要解决这些问题，改掉这些毛病，领导们需要如何做呢？下面有两条建议，有助于领导者在微笑时做到恰到好处。

1.端正态度

如果你在谈话时能够以完全平等的态度对待对方，尊重对方的感情、人格和自尊心，那么，你的微笑就是真诚的、发自内心的、美丽的，就具有强大的凝聚力、感染力和亲和力。否则，你的微笑就是虚假的、丑陋的，你得到的也只能是逆反心理和离心力。

因此，只有说话人的基本态度改正了，“皮笑肉不笑”的问题才能迎刃而解。

2.掌握微笑时的动作要领和方法

微笑时，口腔打开到不露或刚露齿缝的程度，嘴唇呈扁形，嘴角微微上翘。

领导在与下属说话的同时，配合真诚的微笑，不但可以增加语言的魅力，还能够拉近与下属之间的距离，增加自己的亲和力，更能得到下属的认同。

讲自己的故事，更能激发好感度

“人无完人”，没有哪个下属是十全十美的。而作为管理者，领导就应该帮助他们改进不足之处。不过，下属们的“不足之处”虽然不是什么了不起的大事，但想要轻易地说服他们也很难。当然，如果领导的方法得当，说服他们也不是难事。

然而，很多领导在说服下属时都用这样的方法：在和下属进行交谈时总喜欢讲很多大道理，或者用墙上的公司制度来约束下属。虽然这样的谈话不会让下属感到反感，但是也很少有下属能够真正听进去，更别说理解或按照要求去做了。为什么会出现这样的结果？究其原因，主要是大道理和墙上的制度很空洞，不管领导者的口才多好、说得多么精彩，也总是缺乏足够的感染力。

不过，也有很多优秀的领导，他们在和下属交谈时，往往抛开空洞乏味的大道理，选择“现身说法”的形式，大大提升谈话的魅力。

所谓的“现身说法”，就是用自己的经历为例证，对他人进行说服或劝导。“现身说法”对消除人与人之间的分歧、统一认识具有积极的作用。

在美国著名大学麻省理工学院的一次校内集会上，学院院长头戴方帽、身着礼服，面容严肃地登上讲台开始讲话。出人意料的是，他刚讲了几句开场白就停住了，从身上的口袋里掏出了一个便签本写着什么，随后又把便签本丢在地上；然后又拿出来一根香蕉，剥了皮就吃，香蕉皮也顺手扔在了地上；接着又不断地掏出花生、糖果吃；最后更令人大跌眼镜的是，他竟然把口香糖的残渣吐到了讲台上。

麻省理工的学生个个都是精英，虽然他们平时都不太注意这方面的行为，可是他们还是第一次看到如此行事的院长，因此一时间交头接耳，议论纷纷。

院长直到讲台下这些精英们再也看不下去的时候才停止了这些行为，然后说：“同学们，大概你们已经看清楚了，什么叫作缺乏公德！我们的校园里是不是有这样的行为？我们应不应该马上改正？好了，从现在开始，让我们共同维护校园的整洁吧!”

院长说完，马上把自己的这番表演所造成狼藉景象收拾妥帖。从此以后，麻省校园里渐渐地变得整洁了起来。

可见，在恰当的时候运用“现身说法”的方式，比单纯地讲大道理的效果好得多。

但是，不是对什么事情都可以用现身说法的。领导在运用这一技巧时要注意以下几点：

1.所讲的自身经历要真实

领导谈话时，讲出来的自身经历必须真实可信，切记不能胡编乱造、无中生有。否则，就失去了说服下属的前提和力量。

2.以眼前的问题为出发点来讲经历

“现身说法”主要是为了解决眼前问题而举证，所以，它又不同于一般的说经历、拉闲话。因此，讲什么经历、怎么讲，都要根据眼前的问题而定，也就是说，要以眼前的问题为出发点来讲经历。现身说法的目的是用过去的事实来论证现时的问题，因此，讲出来的经历一定要与现时的问题有可比性。因为，只有两者之间可比，现身说法才有意义，才易于由彼及此，引起人们的思索和联想，诱发其内心斗争，进而产生呼应和共鸣，最终形成认识上的沟通。

如果所讲经历与待解决的问题没有多少联系，那就难以形成比较、联想和推理的过程，自然也就谈不上有说服力了。

3.自身经历与表达的观点要结合

领导在运用现身说法时，一定要记住，你讲出的经历必须紧紧围绕你的观点展开，以理论理。

比如，有的领导经历很丰富，那么，在运用现身说法时，就要根据自己的观点，来选择合适的、匹配的经历说服下属。哪怕你的一些经历在你的人生中具有再重大的作用，但是若跟你现时讨论的问题无关，那么也不适合拿来作为论证的例子。只有把最具说服力又能与正在讨论的问题相结合的事情作为现身说法的例证，才有助于引发对方认识上的变化，最终产生说服效果。

综上所述，领导在说服下属时，不能总是拿“空洞的大道理”说服人，更不能总是拿公司的制度或条条框框来“压人”，而应该更多地以自身经历为依据，“现身说法”，只有这样才能增加语言的说服力。

第6章

领导者的提问口才，巧言灵辩善攻心

在领导与下属谈话的过程中，提问往往是语言交流的开始，提问对于了解对方、获取信息、达到良好沟通有着很重要的意义。一个善于提问的领导，不但能掌握交谈的深度、控制交谈的方向，还能开启对方的心扉、拨动对方的心弦，激起对方说话的积极性。

平等沟通，不摆官架子

如何与下属进行有效的沟通，已成为现代企业领导必须面对的问题。很多事实证明，领导要想带领企业发展，就应集思广益，与员工进行流畅的沟通。只有领导和员工拧成一股绳，企业才能发展得更好。

然而，现如今，在很多企业里，真正能够坐下来听取下属意见的领导已经难得一见，很多领导根本不愿意给下属说话的机会，即使对方是向自己反映有助于企业发展的建议，他们也会以“没有时间”或者“我很忙”等借口来搪塞；即使勉强坐下来听下属说话，他们也是心不在焉，要么根本不听，要么就是下属还没有表达完自己的意见就被他们打断，没有一丝诚意。

其实，这是沟通上的一个误区，很多领导由于受到官僚主义的影响，高高在上，很少听下属的意见，结果导致和下属沟通的渠道被浓厚的官僚主义作风堵塞了。

要知道，沟通是一个双向交流的过程。在一个公司里，管理者可以不同意下属们的建议或意见，但是不能剥夺他们说话、表达意见的权利，这是最起码的准则，也是沟通的基础。然而，很多领导做不到这一点，他们只热衷于表达自己的观点，很少或压根就不给下属说话的机会，这样，自然就达不到沟通的目的。下面这则故事里的处长就是有着典型官僚主义作风的领导的代表。

老王再过三个月就要退休了，这一天来找处长商量一些事情。可处长不在，秘书就安排老王在办公室等一会儿。没有想到的是，处长办公室办公桌的玻璃突然碎了，恰巧这时处长走了进来。处长见此情形，不问情由地就把老王训斥了一顿，说他不爱护公共财产，丝毫没有给老王解释的机会。老王后来想了想，算了，认倒霉吧。于是，他把自己办公桌的玻璃换给了处长，自己把坏的粘好继续使用。

又隔了几天，处长检查卫生时，看到老王桌上的烂玻璃，老王还没有张嘴，处长就批了老王一顿，说他故意破坏公物。老王气得浑身发抖，但是处长就是不给他解释的机会。

第二天，老王自掏腰包上街买了一块新的玻璃，把自己桌上的那块烂玻璃换了下来，但是老王舍不得扔掉那块烂玻璃，于是，下班后打算把那块烂玻璃提回家。刚走到单位门口，处长的车迎面开了过来。处长看到手上拎着玻璃的老王，立即跳下车，怒气冲冲，指着玻璃把老王狠狠骂了一顿，根本不容老王说一句话。处长的训斥从行为到思想，还上升到政治的高度，最后说："老王，你明天不用来上班了，在家写检查。什么时候有了深刻的认识，什么时候再回来上班，这段时间没有工资、没有奖金。"

这时正值下班的高峰期，很多员工和路上的行人都过来围观。老王一辈子本本分分，在单位工作了将近40年，何时拿过单位的一针一线？此时受了这气，再加上年龄稍大，老王一激动，心脏病就犯了，立刻被周围的同事送进了医院。

后来，单位的一些领导去医院看望他，老王只是颤颤巍巍地拿笔在纸上写了一句话："给我说话的机会。"

从这个故事里不难看出，之所以出现后来的结果，主要是处长与老王缺乏有效的沟通。不是老王不去沟通，而是有着浓厚官僚主义作风的处长不给他机会，这也是老王最后写下那句话的原因。

对于现在的企业来讲，员工的创造力和知识能力已经成为企业最重要的财富，是企业立足市场的根本。特别是那些有着自己独特的个性和思维方式的知识性员工，他们的思维、创意是企业竞争力的来源。企业要想有更好的发展，就要重视这些员工，吸取和发掘他们的思维和创意，但是，这所有的一切都要建立在良好沟通的基础上。如果企业领导由于受官僚主义的影响，连说话的机会都不给员工，那么这种沟通便无从谈起。

企业里的很多员工，他们的生存需要已经得到了满足，更加注重的是自己的能力能否得到肯定和尊重，自己的人生价值能否很好地实现。所以说，企业的领导们只有接近他们，关心他们的需要、肯定他们的价值，才能和员工建立起和谐的关系，才能够使企业内部安定团结，才能使企业得到长足的发展。

在《管理未来》一书中，彼得·杜拉克大声疾呼："走进群众，发掘他们的问题。这是最好的领导。"因此，作为公司领导，在日常管理中，你一定要消灭官僚主义，给予下属说话、表达意见的机会。不能任凭你一个人在说，而下属只配做听众。

面对不爱说话的下属，多加引导

现实中，爱说话的人很多。但是，也有一部分人，由于性格内向或其他一些原因，很少开口说话。那么，遇到这种类型的人，采取何种方式才能引导他们跟你互动交流呢？下面看看王鹏是怎么做的：

王鹏在沈阳工作，有一次坐火车去长沙出差。在火车上王鹏觉得很无聊，就想找个人聊聊天，借此来打发时间。他看到坐在旁边的一位看上去很有趣的乘客，于是走上前搭讪：

“打搅一下，你有指甲刀吗？”

可对方一句话也不说，只是从挎包里拿出一串钥匙，卸下指甲刀递给了他。王鹏接过指甲刀，说了声“谢谢”，就假装剪指甲，心里想：看着挺有趣的一人，原来是个“闷瓜”。

于是，王鹏继续说：“这么长的一段路程，真是无聊啊。你有同感吗？”

对方说：“嗯，有。”他附和着，但还是不愿多说一句话。

“不过，看外面的天气倒是蛮好的，阳光这么充足，此时要是躺在家里看球，那真的很爽啊！”王鹏接着说。

那位坐在旁边的旅客坐直了身体，眼光从他手中的书上移向了王鹏。

“你也喜欢看球？足球还是篮球？”他问。

“当然是篮球了，中国足球那么烂，谁看啊，哈哈哈。”王鹏笑着回答，“我特别喜欢NBA，我最喜欢洛杉矶湖人队。”

“真的？你也喜欢湖人队啊？真是巧了，我也是湖人队的球迷啊！那你觉得他们今年能夺冠军吗？”那位旅客激动地说。

“我当然希望湖人队夺冠了，但是我觉得今年的形势对他们不利，随着个别球队的崛起，加上湖人队的几个主力相继受伤，不容乐观啊！”

“是啊，我也是这么看的。不过，如果湖人的当家球星科比能超常发挥，还有拜纳姆最近强势崛起，说不定还能再度问鼎呢！那你看好哪个队夺冠？”那位旅客十分同意王鹏的分析，不住地点着头。

王鹏继续跟他聊着。

这位刚才还属“闷瓜”的旅客，经过王鹏一番刺激，终于被激起聊天的兴致，王鹏心里乐开了花：有这样一个“聊友”，漫漫旅途不会寂寞了啊！

王鹏的这段经历告诉人们，并不是所有的人都是善谈的，在现实中也有很多沉默寡言的人。这些沉默寡言的人在现实中被人戏称为“闷葫芦”。他们不是没有谈话的欲望，只是害羞或是不知从何说起而已。王鹏告诉我们，遇到这种人，只要不断地找话题、不停地刺激他们，就算是再闷的“闷葫芦”，也会开口说话的。

很显然，下属不可能全是能说会道的人，也有这种“闷葫芦”式的员工。那么，在日常交往中，领导们要想了解这些人的想法或心思，究竟应该采取何种方式激发或鼓励他们说话呢？下面总结了几条关于这方面的小技巧，以供领导们参考。

1.直接提问题

面对少言寡语的下属，要明白他们的心理——他们一向惜字如金，经常会说“是”“不是”这样的话。因此，领导不能排斥他们的这个特点，应该加以利用。在跟这些人交谈时，应该直截了当地提出只需要回答一两句话就能直击要害的问题，或是更简单一些，如只需要回答“是”或“不是”的问题。

2.多说赞美的话

领导们可以对不爱说话的下属多说一些赞美的话，让他们明白，即使他们不爱说话，自己仍然很欣赏他们，并感谢他们对公司作出的贡献。赞美之后，再让他们表达对某一件事情的看法或观点。

世界上没有哪一个人不喜欢听赞美的话，即使不爱说话的人也不例外。他们听了你的赞美之词，同样会心花怒放，进而主动开口说话。

3.及时反馈

要想让已开口说话的下属继续讲话，就应该适时说一些鼓励他们的话，让他们有信心继续讲下去。比如，你可以对他们说，“你说的东西很重要”“你说的细节非常好”。这些都是鼓励的话，领导们可以适具体情况作具体分析。

另外，领导还应该使用一些下属看得见的身体动作来给讲话者积极的反馈。比如，同意时点点头，赞许时微笑一下等。

4.别打断，更别插嘴

如果你已经让你的“闷葫芦”型下属开了口，并且想让他们继续说下去，这时你就要把嘴巴闭上，中途不要随便插话，更不要打断他们的谈话。因为，如果你中途插嘴，陈述自己的观点，就会使他们有借口停止说话。即使你有更好的见解要表达，也要等他们说完。

少说多听，更显领导高明

很多领导在与人交谈的时候，总有这样的事情发生：他们顾不上听别人说了一些什么，就匆匆忙忙地打断别人的谈话；或者即便在听别人说话，也是心不在焉；或者滔滔不绝，自说自话……这一切只说明了一件事情：这些领导只喜欢“说话”，却不喜欢“听话”，也就是说，这些领导说的能力很强，而听的能力却很差。

的确，上面那些领导“只说不听”的交谈方式是被很多人所讨厌的。这就是人们常说的“话霸”，爱说不爱听。如果领导用这样的方式跟下属交谈，那么，结果会很明显，下属要么从头到尾保持沉默，要么就是为了照顾领导的面子而用“嗯”“哦”之类的话敷衍，并且心里极度反感。所以，领导在说的同时，还要注意听，要适当地把话语权交给别人。

下面，就来看一则有关“听”的重要性的小故事。

李倩是某公司的总经理秘书，有一天，她接到通知，说总公司领导第二天到他们公司进行巡查。由于当时总经理不在，李倩便准备自己拟定一套接待方案，等总经理回来再向他汇报。等总经理回来后，李倩就拿着准备好的接待方案向他汇报。在汇报的过程中，总经理什么也没有说，只是不停地点头。李倩心想：总经理点头就表示同意了这套方案。于是，她走出办公室后，把自己的这套方案交给相关部门，让他们照着去执行。

可是，等总公司巡查组的人员走了以后，总经理对这套接待方案非常不满，不但严厉批评了李倩，还警告她下次不要再自作主张，他才是总经理。后来，经过李倩的解释，总经理还是没有想起来。原来，在李倩向他汇报这个方案的时候，他根本就没有听，而是在自顾自地想事情。

还有一次，李倩去向总经理汇报公司这个季度的销售情况。她在汇报的时候，还特意对总经理说，销售部门综合了一下意见，大家一致觉得公司在下一季度乃至下下季度应该在开辟市场上多下功夫，否则很有可能被竞争对手挤出市场。李倩说完之后，却发现总经理没有任何反应，跟上次不同，上次最起码还不住地点头。原来，总经理看似在认真地听李倩汇报，其实心里想的却是如何降低公司的运营成本、如何减少公司的日常支出。李倩很失望，就再也不提这件事情了。而总经理本就没有认真听李倩的汇报，见她走出了办公室，估计没什么重要事情，也就没有叫住李倩。

时间又过了将近半年，由于公司在这半年内没有开拓市场，公司的产品隐隐有被挤出市场的趋势，总经理赶紧询问了具体情况，但为时已晚。

从上面这则故事中可以看出，倾听对于领导来说是多么重要。

在现实中，很多领导都很重视“说”的能力，却忽视了“听”的重要性。俗话说：“会说的不如会听的。”领导者拥有一副能说会道的好口才固然是好事，但是如果能在锻炼好口才的同时注重培养一下自己的“听”力，那更是锦上添花的事情。

“会听”能给伶牙俐齿的领导带来很多的好处。比如，在跟下属交流沟通的过程中，“会听”能给下属留下深藏不露、沉稳含蓄的好印象；“会听”还可以给你带来好人缘，因为下属在与你交流沟通时，会感觉到你对他的尊重，久而久之，自然会在你需要时站出来拥护你；“会听”更可以让你及时了解民意，有助于你更好地管理企业。

既然“听”是如此重要，还能给领导带来如此多的好处，那么，究竟怎样才能成为一个“听话”的高手呢？下面总结了几条听别人讲话时要遵循的原则，希望领导们在实际“听”的过程中能够遵守。

1.不要让个人的喜好支配自己

有时候，领导会因为不太喜欢讲话者的声音或者讨厌讲话者的表达方式就不去仔细倾听，这些个人好恶会阻碍领导听别人讲话。但是，作为领导，你更需要去注意话中的内容，而不是去关注自己的喜好。

2.听话时要全神贯注

别人讲话时，切忌在脑袋里想其他事情，要把注意力放在讲话者身上，用眼睛注视着讲话者，而不要东张西望。

3.有响应地倾听

听话时要给说话人及时的反馈，如微笑、点头等一些身体动作，这样能很好地鼓励对方说下去。

4.别轻易打断别人讲话

打断别人讲话是一种很不礼貌的行为。因此，在别人讲话时，即使他说的某个观点你不同意，也要等对方话说完之后再进行反驳。

耐心聆听下属的提议

作为一名优秀的领导者，在跟下属交谈时，你除了要具备绝佳的口才之外，还要学会倾听。因为，只有你学会专注地倾听下属讲话，才能提高你在他们心中的地位，才能让他们在你说话的时候更好地接受你的意见和建议。

倾听，不同于简简单单的“听见”。听见仅仅是用耳朵去听，而倾听是用心在听。倾听，能使下属感受到领导对于他们的尊重。

美国的一家经营日化品生意的公司，有这样一位奇怪的销售总监。之所以说他奇怪，是因为，虽然他对该行业的特点以及销售上的技巧一窍不通，但是他得到了下属们足够的尊重，并且在公司里被认为是最好的领导。

每当下属的经理或业务代表需要他的建议或忠告时，他都不能给予他们帮助——因为他对销售一窍不通。尽管如此，这位销售总监每次都能以足够的耐心和沉静去倾听下属或业务代表们的讲话，并且，无论对方问什么建议，他总是适时地回答：“你觉得该怎么办？”这个时候，经理或者业务代表就会提出自己的意见或建议，而他则会很认真地倾听，并且点头同意。最后，经理或者是业务代表总是满意地离去，并且会在心里想：总监还真是有一套！

每一个人都希望得到别人的尊重和欣赏，你的下属也不例外。倾听，就是一种很好的办法，它能够让你的下属有种被尊重和被欣赏的感觉。这位销售总监虽然不懂什么销售技巧，但是他掌握了更加重要的能力，那就是“倾听”。下属们在他那里感受到了足够的尊重和欣赏，无怪乎他被认为是最好的领导。由此不难看出，最成功的领导一定是善于倾听下属们讲话或发表意见的。

善于倾听的领导能够帮助自己及时并准确地了解自己的下属，并且通过这种了解解决矛盾和冲突，还可以解决下属们的抱怨。通过倾听，领导还可以向他人学习知识和方法，进一步帮助自己了解更准确、更详细的信息，何乐而不为呢？

可是，现实中往往有一些领导不懂得倾听。他们往往花费大量的时间用来准备谈话内容，用来发表自己的意见，结果往往事半功倍，很难与下属进行流畅的沟通，因此，一定要避免这种现象的发生。而要想避免这种现象，领导们就要了解影响倾听的因素有哪些，只有了解了这些因素，才能想办法避免。否则，将无从谈起。

一般情况下，影响倾听的因素有如下几点：

一是环境干扰。比如，办公室里此起彼伏的电话铃声或者是打印机的响声等来自外部环境的声音，都可能影响到倾听的效果。

二是对下属有反感。先入为主，对讲话的下属反感。如果一个领导很不喜欢讲话的下属，甚至很排斥这样的人，那么，在对方说话的过程中，就不能做到很好地倾听。

三是思想不集中。有些领导在下属说话的时候，总喜欢看看墙上的装饰，或是时不时地看看天花板，甚至有些领导表面上在听下属们讲话，心里却在想着下午的会议该怎么开。领导们这些东张西望的“小毛病”和心里的“杂念”都会导致领导无法专注地听下属讲话。

四是受主观主义影响严重。下属在讲话的时候，有些领导总是主观上想办法挑对方的不是或者想办法去反驳下属，总认为下属的发言不正确。比如，秘书向领导汇报各部门报上来的策划方案时，领导却在想着如何去反驳秘书。这种主观的思想也会影响倾听的效果。

为了达到与下属沟通的良好效果，领导在倾听下属讲话的时候，要克服上述干扰因素，提高倾听的效果。同时，领导在倾听下属讲话时还应该掌握一些技巧：

1.不应距离下属过远

在倾听下属讲话时，如果与对方保持过远的距离，或者昂首俯视下属，都会让下属有被疏远或被压迫的感觉，这样一来，下属就很难敞开心扉与你说话。

你可以调整一下自己的肢体，以表明你正在耐心地听他讲话，比如，靠近下属或是身体前倾。

2.使用肯定的语气认同对方的讲话

下属在讲话时，应该尽量多地使用一些“嗯”“哦”“明白”“有意思”之类的带有明显肯定语气的短句，以肯定对方说话的内容。另外，还可以说一些“我想听听你的看法”或“我对你说的很感兴趣”等带有鼓励语气的话，借此来鼓励下属说更多的内容。

3.不要轻易发表意见

这也是最重要的一条。在没有听完下属讲话之前，不要轻易发表自己的意见。如果你在没有真正了解下属话中内容时就匆匆下结论，肯定会打击下属说话的情绪，下属的谈话可能会因此而终止，最终影响沟通的效果。

语言表达确切，不说糊涂话

交谈的过程，实际上是一种信息传递的过程。说话是为了向听者传达新的信息，而听者对于新信息的接收和理解，必须建立在已知信息的基础上，这就是“话语前提”。比如，小王告诉小张：“他今天不来上班。”小张要理解这句简单的话，首先必须要知道这个“他”指的是谁，否则就会丈二和尚摸不着头脑。所以，说话一定要注意前提，不要说没头没脑的话，让对方无所适从。

然而，有些领导在与下属沟通时，并没有注意到这一点，因此，常常导致说话的意思含糊不清，令人费解。

王校长到北京的一所高校接受培训时，经常对同班的培训生们自我介绍说“我在一中工作”，以期引起别人的注意。然而，对方根本就不知道一中在当地是怎样地热门，所以，也就领会不到这句话所包含的荣誉感和自豪感了。

那么，领导在与下属交流的过程中，如何做才能注意前提、不至于说出让下属摸不着头脑的话呢？领导们可以从以下几个方面入手：

1.说话内容要有足够的信息量

比如，甲问乙："那天我在路上看见一个人，很像你，是不是你？"对于这样没头没脑的话，乙是很难回答的。要让问题变得具体，就必须在问话中提出具体的时间、地点等。

正确的问话应该是："上个礼拜五我在陇海大道路口看见一个人，很像你，是不是你？"这样，乙一听就能够明白甲话里的意思，从而给甲一个满意的答案。

2.避免表述含糊和有歧义

比如，某公司有两位姓张的部门经理，一位是财务部经理，一位是培训部经理。一次，总经理对秘书说："你去通知一下张经理，让他明天来主持会议。"这句话就是含糊不清并带有歧义的。明天上午还是下午，又或是晚上？让张经理来主持会议，张经理是哪一个，财务部的还是培训部的？这些问题都要讲清楚、讲具体。

3.言语要有顺序

比如，你是刚上任的领导，当你第一次到下属单位去检查工作时，如果没有人陪同，到下属单位后，首先应该作自我介绍，然后再说明来意。如果颠倒这一系列的言语顺序，就很可能使对方弄不明白你到底是谁、想干什么。

总之，在说话之前一定要把想说的内容在大脑里组织一次，理出个头绪，这样一来，你一开口别人就明白你说的是什么了；而有了这样的前提，接下来的谈话就会顺利很多。

另外，领导者在说话时一定要突出中心，把话讲明白。一个不具体或不明确的命令或问题，很容易让听者产生误解。

某公司为了庆祝成立十周年，宣传部门准备让部分员工作列队练习。一个宣传干部负责整理队伍。

他高声宣布：“市场部、技术部的人员分开，男同事和女同事分开，一律按高矮排队。”

大家听后，茫然地站在原地，并且互相问道：“我站在哪里？”

这位宣传干部还以为大家没有听清楚，就大声重复了一遍。可是员工们还是没有明白往哪里站，犹豫了好久，队伍一直没有成形。

员工为什么不知道站在哪里？不是员工们的理解能力差，而是这位宣传干部的指令出现了问题。例如，一个市场部的员工，既是男同志又是高个子，那他应该站在哪里？或者，一个技术部的员工，既是女同志又是矮个子，她又该站在哪里呢？

总之，按照这个不明确、不具体的指令行事，谁也不知道自己该站在哪里。

这位领导者在一开始就没有给听众一个明确的信息，所以，大家都不清楚他到底要讲什么。之所以出现这种情况，是因为领导者在说话之前没有想清楚，边想边说，以致一个简单的问题都说不清楚。

可见，在交流中把话说明白，才能够准确而快捷地把信息传输到对方的大脑里。

一步步说理，下属更容易接受

在领导与下属谈话的过程中，提问往往是语言交流的开始。提问对于了解对方、获取信息、达到良好沟通有着很重要的意义。一个善于提问的领导，不但能掌握交谈的深度、控制交谈的方向，还能调动下属与自己交谈的积极性。

然而，在交谈的过程中，也有一些领导往往有这样的疑问：为什么自己对下属的提问总是得不到满意的回答，甚至不被对方接受？其实，不是他们提问得不深刻，也不是他们提问的时机不正确，而是他们提问的方式有问题。有这种疑问的领导，在提问题时都有一个共同的缺点：提问题时太过急于求成，总指望三言两语就能够得到满意的答案。

心理学家指出，适当地、循序渐进地多提一些问题，不但能够让对方敞开心扉，赢得对方的信任，还能得到满意的答案，有利于交谈的顺利进行。因此，领导在交谈过程中，要想让听者更好地接受你的提问并给予你满意的答案，就不能急于求成，必须要循序渐进地提问。正如俗话所说，心急吃不了热豆腐。

电脑推销员小李向一位先生推销电脑，当对电脑的性能作了详尽的描述，并且发现对方有购买意向后，小李突然发问："先生，您是想买普通显示器还是液晶的？"

这个时候，顾客陷入两难的境地，于是说："我只是来随便看一下，以后再考虑。"然后扭头走出店门。

之所以会出现这种情况，主要是因为小李在提问的时候急于求成，忽视了对方心理上的变化，对方一下子接受不了，更别说给你答案了。

因此，在交谈的过程中，提问的时候应该采用循序渐进的方式，这样不仅有利于创造一些条件使其心理上发生变化，更能达到良好沟通的目的。下面来看看小张是如何与别人沟通的。

小张在电脑城做销售员，有一天，他到一个小区里做宣传活动。在等待工人布置展台的时候，他向旁边一位带着孩子的家长推销家用电脑。

小张说："您家的孩子真是幸福啊，生活在一个这么舒适的环境中！"

家长说："是啊，我们一家子为了这孩子的成长可没少操心哪！"

小张说："是的，可怜天下父母心啊，现在做父母的不仅要照顾孩子的衣食住行，还要为孩子的学习操心哪！

"许多父母为了孩子的全面发展，只要是对孩子的学习成长有帮助的，不管有多贵，都舍得买。

"为了孩子学好音乐，父母愿意买电子琴、钢琴等孩子喜欢的乐器。为了孩子学好画画，父母愿意为孩子买最好的画笔，请一些优秀的家教。在孩子的学习投入上，父母从来不吝啬。事实上，为了孩子的全面发展，多投资一点也是值得的。

“先生，您觉得电脑在以后的社会生活中重不重要？如果一个孩子不懂得电脑，算得上全面发展吗？”

这个时候小张不再说话了，只是静静地看着这位家长，几秒钟后，顾客终于说：“是的，未来是电脑的社会，为了孩子的全面成长，就买一台吧。”

最后，小张达到了顺利成交的目的。

小张在和客户交流的时候，采用循序渐进的方法，很快就把对方吸引到了自己想要说的问题上面，这样不仅有利于表达自己的感受，更有利于被听者更好地接受。

其实和下属交流也是如此。如果你想了解下属内心到底在想什么，那么就先找到一个切入点，先跟对方攀谈，等到下属已经完全跟随你的提问回答时，再往主题上过渡，这样就能很容易地得到想要的答案，也不会使对方产生反感。

不过需要注意的是，提问分不同类型，在提问时，要针对不同的目的和不同的下属的特点，巧妙地运用不同类型的问题。下面归纳了几个类型的问题，希望能帮助领导在与下属交谈时实现顺利沟通。

1.假设型问题

假设型问题是指领导为下属假设某种相应的环境并提出问题，让下属自由表达自己的观点。这种类型的问题对鼓励对方评价、分析或表达其感受有着很大的帮助。

假设型问题就是让下属想象在领导假设的情况下会怎样做，从一定程度上来说，它可以帮助并引导下属思考更进一步的问题，或是按照领导的期望作出决定、给出答案。

2.开放型问题

开放型问题指的是让下属充分发表自己的看法、阐述自己的意见或是陈述某些事实现状的问题，它能够使领导得到广泛的信息。

此类型问题适用于向下属了解详细、具体、全面的信息，通常是在问题涉及多方面或有多种解决方案等比较复杂的情况下使用。

3.诱导型问题

诱导型问题是指对答案有强烈暗示性的问题，它可使下属毫无选择地按照领导所设计的答案作答。

采用诱导型问题是为了让下属对领导所提出的问题持肯定、支持的态度，对问题作出领导期望的回答。

4.封闭型问题

封闭型问题是指在特定的领域内得出特定答案的问题，它可以使领导获取特定的信息。

一般来讲，这种类型的问题常用于查问或确认某些事实，以及对话内容不太复杂、只需要简单回答的情况。

第7章

领导者的温情口才，以情动人凝聚下属

领导卖弄权势，等于出卖自己的无知；领导卖弄富有，等于出卖自己的人格。一个喜欢摆架子、没有亲和力的领导是很难处理好上下级关系的。因此，在企业管理中，领导者应该将情感融入 管理沟通的全过程，增强与下属之间的情感沟通和思想联络，让下属感觉到自身存在的价值，从而拉近彼此之间的距离。

言语生动，下属更喜欢听

美的心灵，还需要美的语言去表述。在现代企业中，只要仔细观察就会发现，那些态度温和、讲究语言美的领导者，不仅能够赢得下属的尊重和理解，还会得到下属的信任和拥戴。相反，那些态度粗暴、动不动就出口伤下属的领导，无论他们的心肠有多好，也常常成为下属反感和讨厌的对象，更别说被下属尊重了。

可见，一个领导平日里态度是否温和、说话是否讲究语言美，不仅关系到他在下属中是否有好的口碑，还关系到他能否得到下属的理解、尊重、信任和拥戴。因此，领导者在与下属沟通交流的时候，态度要温和，说话要温婉，这一点至关重要。

库班·伊休斯是一家家具制造企业的老板。有一次，在中午休息的时候，他看到几个工人蹲在“禁止吸烟”的牌子下面抽烟。面对这些违背了规定制度的工人，库班·伊休斯该怎么办呢？阴沉着脸、指着“禁止吸烟”的牌子说：“难道你们的眼睛都瞎了吗，没有看到这么大的牌子吗？”不，库班·伊休斯并没有这样做，如果这样做，他也就称不上是这家家具制造企业的优秀领导人了。

相反，库班·伊休斯朝那几个工人走过去，友好地递给他们几根雪茄，并且态度温和地说：“诸位工友，如果你们能到外面去抽完这些雪茄，那我真是感激不尽了。”这几位吸烟的工人立刻意识到自己违背了“禁止吸烟”的制度，于是，赶紧把烟头掐灭，同时对库班·伊休斯这位老板产生了好感。

库班·伊休斯并没有简单、粗暴地训斥这些犯了错误的工人，而是态度温和地采用充满人情味的语言，不仅让工人意识到了自己的错误，还赢得了工人的好感和爱戴，可谓一举两得。企业里有这样的领导，哪一位下属不愿意与他共事呢？由此可见，领导者在与下属交谈时，态度温和、说话语气婉转是何等重要。

说话时态度温和、语气委婉、谈吐优雅，这些都是高素质、高修养的表现。在领导者和下属相处的过程中，优雅的谈吐会发挥不可估量的作用。古往今来，和颜悦色、态度温和、语气温婉的领导者无一不受人尊敬。他们语气亲切、措辞委婉，下属与他们交谈时常常备感亲切。即使领导者做错了事、说错了话，向对方道歉的时候，对方也会因为他们温婉的语气而原谅他们。可以这么说，哪怕是领导犯了错，语气温婉地道歉也能增加他们的修养，更能提高他们的魅力，拉近与下属之间的距离。

萌萌开了一家服装店。这一天的下午，店里来了一位十分挑剔的女客人，萌萌给她拿了好几套衣服，可是，这位女客人挑了快一个小时了，还是没能挑中一件合适的衣服。恰好这时候店里的顾客也多了起来，萌萌不得不去照应别的客人。这个时候，那位先来的女顾客便认为自己被冷落了，于是把脸沉下来，对萌萌大声说："你怎么做生意的啊？你怎么是这样的服务态度啊？不知道我是先来的么？快让我先买，我还急着去做别的事情呢！"

这句话听着实在是刺耳，倘若这个时候萌萌真的与她较真儿，必定吵得不可开交。然而萌萌并没有这样做，她安排好其他顾客后，对这位女顾客说："很抱歉，请你原谅，我们店生意比较忙，对你服务不周到，让你久等了。"她说话的态度和语气温和、真诚，丝毫没有争执的意思。这样做反而使那位女顾客的脸一下子红了起来，转而难为情地说："刚才我说话也不好听，也请你原谅。"

萌萌说话时温婉的语气充满了对客人的尊重和理解，从她身上不难看出，不是咄咄逼人的话才会让人信服。当人们用温和的语气与对方沟通时，本身就具有了一种感化力，对方的心理自然会产生变化，彼此之间的尴尬也会得到及时的化解，人与人之间的距离也会在瞬间被拉近。

总之，领导在与下属的沟通交流中，要注意自己说话的态度和说话的语气。说话简单粗暴、语气咄咄逼人不是一个优秀领导应该具有的素质，这样说话只会引起下属的反感和讨厌。态度温和、说话温婉才能体现一个优秀领导的修养和风度，才能赢得下属的感激和信任，才能拥有良好的人缘、增进与下属之间的情感。

以情服人，下属更容易感动

情感是人类意识的一种自然流露，虽然人的情感不会像语言或者文字一样可以直接地表达，但是人的一切行为无不带有感情的成分。作为企业的管理者，领导者要想和下属沟通时达到一定的目的，以情动人就是一个很好的方法。它有助于上级领导和下属之间找到共同点，并在心理上强化这种意识，从而消除一些不必要的隔膜，缩短双方的心理距离。

1923年5月，柯伦泰被任命为苏联驻挪威全权贸易代表。那一年，苏联国内急需大量的食品，柯伦泰奉命与挪威商人洽谈购买鲱鱼的生意。

当时的挪威商人非常清楚苏联的情况，他们准备乘机捞上一把，所以报价非常高。柯伦泰竭力与其讨价还价，但是对方根本不让步，即使让步也只是一小步。双方距离较大，谈判因此陷入了僵局。这让柯伦泰心急如焚，怎样才能以较低的价格成交呢？他努力思索着。

这天，他再次与对方会晤，以和解的姿态，主动作出了让步。他十分慷慨地对对方说：“好吧，我同意你们提出的价格。如果我的政府不批准这个价格，我愿意用自己的薪水来支付差额。”

听到这样的话，挪威商人感到非常震惊。

柯伦泰继续说：“不过，我的工资有限，这笔差额要分期支付，可能要支付一辈子。如果你们同意，就这么决定吧！”

经历过这么多的谈判，挪威商人从未听过这样的事情，更没见过这么全心全意为国效力的人。他们为柯伦泰的言语所感动，经过一段时间的考虑，商人们终于降低了售价，双方签订了协议。

在这次谈判中，柯伦泰的言语算不上什么奇言妙语，更没有什么技巧可言。他凭着自己真诚的心，感动了挪威的商人。正如人们所说：“动人心者莫先于情。”作为一名领导，你在和下属说话时，晓之以理、动之以情，才会取得好的效果。

遗憾的是，在现实社会里，很多领导在和下属谈话时，忽视了“真情”的重要性。他们错误地认为，作为领导就一定要有自己的权威，而要显示权威就一定要在说话的时候态度严肃、语气冰冷，因此，和下属说话时，他们总是以一副居高临下的姿态，要么咄咄逼人，要么非常生硬。在这样的氛围下，也许下属当时会表现得诚惶诚恐，但是事后他们经常会把那些指令忘得一干二净。试想，谁会愿意去牢记别人的恶言恶语呢？

因此，领导者一定要记住一句话：一盎司的真诚胜于一磅的智慧。谈话的时候，只有态度真诚，才能以情动人，引起听者感情上的共鸣。

一天，太阳和北风打赌看谁能够把路上行人的大衣脱去。太阳用它温暖的光轻而易举地就使人们脱下了大衣；而北风使劲地吹，反而让行人把大衣裹得更紧。

太阳与北风的故事，向我们说明了这样一个道理：对下属要像太阳那样，用温暖去感化他们，使他们自觉地敞开心扉；如果像北风那样使劲地吹，一味地强制逼压，反而会使他们对领导心存戒备。

那么，在和下属谈话，领导者如何做到“以情动人”呢？

1.情应该出自“真心”

无论你是一个什么样的领导，只要是从内心深处去尊重一个下属，你就能够拥有一个谦逊的胸怀，能够发自内心地去发现下属的优点，从而认可他们所作的贡献和拥有的潜力，以一颗仁慈的心去对待他们。你对他们亲近了，他们自然愿意亲近你、信赖你，进而把你的事业当成他们的事业来做。

2.学会专注地倾听

领导在和下属谈心时，要多倾听，不要一味地表达和灌输自己的思想。倾听中你甚至会得到一些意想不到的东西，你会了解到下属内心的真实感受，以便日后更好地相处。有些下属也会在谈心时不经意地说一些对公司的看法和建议，这对领导日后的管理也会起到一定的帮助。

小刘最近心情不太好，因为和他相恋多年的女友要出国留学，这让他非常苦恼。毕竟三年的分离不是短时间，而且女友出国后和他分手也是很可能会发生的事情。这时，小刘最需要的是倾诉，而不是别人来告诉他应该怎么做。在谈心时，领导非常认真地倾听，而且没有批评他最近工作上的心不在焉，这让小刘很是感动，他知道，正是因为领导如此理解和原谅，他才更应该冷静地处理好工作和感情的关系。

3.不要替员工下结论

在谈到下属的一些私人问题时，领导可以给下属提出一些建议或者预见性的结果，但是最后一定要表明“这些只是个人意见”，供其参考。因为你不可以代替他去思考，也不能代替他去经历人生的每一个历程。

很多领导因为自己经验丰富而显得比较主观，常做出一些真理性的结论。这会给下属带来很大的压力，好像谈心也要领会领导的意图，然后去执行。此时，你应该和下属换位思考一下，因为，一旦你开始主观判断，下属就很难对你敞开心扉了。那么谈心的结果很可能是：你自己陶醉于一场无人喝彩的演说当中。

温情管理，适时嘘寒问暖

在企业中，领导只会下命令是远远不够的，关心下属也是领导者的一门必修课。在以人为本的现代社会里，纯粹的上下级关系正在被摒弃，关心、爱护、珍惜和尊重人才已经成为社会的主流风尚。在领导者和下属之间加入个人友谊和情感的因素，对开展管理工作大有裨益。

领导者只有在情感上和下属有交流和互动，才能有效地驾驭下属，而从生活上关心、体贴下属是一个增进彼此感情的绝妙方法。杰弗逊说过：“天下至乐，莫过于对我欣赏的人表示关心。”人是有丰富感情的动物，作为领导者，真心实意地去理解、关心、体贴下属，就是对下属最好的慰藉和赞赏。

然而，有些领导者不屑于对下属从生活上问寒问暖，甚至说，公司这么多员工，如果每一个都要我去问寒问暖，哪里还有时间来管理公司？殊不知，对自己的下属问寒问暖也是一种管理，一种人性化的管理。一个人性化的公司能留得住人才，一个人性化的上司更能得到下属的拥护。

某家公司的一个部门里，正副经理都是博士生毕业，年龄也差不多，且都极富才华。唯一不同的就是一位经理为人和善，善于与员工交流，在日常工作中，对下属恩威并施、分寸得当，在业务上对下属严格要求，从不放松，但如果下属偶尔犯了错误，他总是自己承担责任，为下属着想。每次出差回来，他都不忘带点小礼物、小玩意，下属人人有份。如果哪个下属生病了，或者家里出了什么事，这位经理比他的亲人还着急，嘘寒问暖，令人感动。

而另一位经理则截然相反。他对下属严厉有余、温情不足，有时甚至有些不通情达理，没有一点人情味。有一天，一位在公司里工作非常努力而且平时几乎没有迟到过的下属迟到了，站在经理面前着急地解释说因为母亲得了急病，要送母亲去医院，路上赶上堵车，所以迟到了几分钟。可这位经理根本不听，先是对他进行了严厉的批评，然后扣掉了他的奖金，经理的做法让每一个同事看了都愤愤不平。

不久之后，公司内部进行人事调整，富有人情味的经理工作颇有业绩，而且口碑极好，更符合一个高层领导的素质要求，因此被提拔为公司副总经理；而那位严肃冷漠的经理，尽管工作干得也不错，但上层领导认为他的管理方式不利于团结人，不利于留住人才，于是打消了提携他的念头。没有人情味的经理心里很窝火，在原有位置上又干了半年，但是下属对他的态度都是畏而不敬，而他自己也感觉干得不舒心，最后只好卷铺盖走人。

那位富有人情味的经理，即使官升一级，仍然没有摆出高姿态，一如既往地关心、爱护自己的下属，对他们问寒问暖，口碑一直都很好，后来成了公司总裁最得力的助手。

作为一个领导者，你千万不可忽视那些并不起眼的下属或者员工，也许有一天，就是这些不起眼的下属把你推上高位置，或是把你掀翻在地，可谓“水能载舟，亦能覆舟”。平时多多进行感情投资，对他们的生活和家人多多问候，其实并不是什么难事，但是就是这种小事，往往会在关键时刻给予你很大的回报。

下属的生活状况如何，直接影响到他的思想活动、精神状态以及工作效率。一个优秀的、高明的领导者不光善于支配下属，更善于在平时的沟通中对下属的生活和家庭问寒问暖。

而问寒问暖不是口头上随便说几句就可以了，还需要领导者做到以下几点：

1.批评下属时

当下属在工作中出现懈怠或者经常犯错等问题时，不要直接对他进行批评，而应该关心地问问他是不是生活上有什么困难，以致经常犯错。这样既不会伤害下属，也能让下属意识到自己的错误，并且感激你对他的照顾。

2.表扬下属时

当下属为公司做出了卓越的成绩时，领导一般都会表扬。在肯定他本人的能力时，不妨也肯定一下他的家人为他所作出的奉献，必要的时候，给予他的家庭成员一些奖励。

3.平时和下属沟通时

作为一个企业的领导者，你应时不时对自己的员工进行一些感情方面的投资，对他们的生活多一些问候、多一些关心，这样，员工便会对老板对企业死心塌地、忠心耿耿。感情投资，不需要成本，却能得到丰厚的回报。

注重细节，更显领导的关爱之情

有这样一句话："成大事者不拘小节。"在现代企业中，有很多领导对这句话很认同，他们认为，自己是领导，没有必要太在乎小事，更没有必要把下属的小事放在心上。殊不知，领导者对下属的关心，不仅体现在对下属基本需求的满足上，还更多地体现在日常生活的点点滴滴中。

作为一个领导者，如果你懂得以热情的姿态、发自内心地关心发生在下属身上的小事，给他们最及时的问候，会让他们深受感动，给下属留下平易近人的好印象，更会获得下属的认同和拥戴。这样一来，下属会在工作中更加努力积极。因此，领导者有必要从小事着手，通过一些小事来表达自己对下属的关心和爱护之情，以达到增进与下属的感情、拉近与下属的距离的目的。

西奥多·罗斯福是美国第26任总统，深受美国人民爱戴。为什么罗斯福如此受人敬仰呢？主要原因就在于他能够真诚地关心每一个人，哪怕是一些身份卑微的侍从，哪怕是一些琐碎的事情。

安德烈是罗斯福的一名贴身男仆，他和妻子住在一栋小房子里，离罗斯福总统的住房很近。安德烈的妻子一向深居简出，所以很少有机会看到野生动物。有一次，在跟罗斯福交谈的过程中，她问他野鸭是什么样子的。于是，罗斯福总统耐心地给她描述野鸭的习性和模样。

第二天早晨，罗斯福给安德烈的妻子打电话，说他们家的草坪上有一只野鸭子。当安德烈的妻子放下电话、推开窗户时，看到了罗斯福从对面房屋窗户递过来的微笑面容。

因为这件小事，安德烈夫妇对罗斯福感激不尽，从此更是对罗斯福敬佩有加，悉心照料罗斯福的生活起居。

还有一次，罗斯福去白宫，可是他并没有直接去客厅和接待室，而是径直走向了厨房。他非常和蔼地和每个人打招呼，就像多年不见的老朋友一样："你好，杰弗森，你看起来精神棒极了！”“可爱的休斯，胃口还好吗？还是和以前一样爱喝酒吗？有时间了咱们两个喝上一杯。”

罗斯福的一言一行感动着许多人，在白宫工作了将近30年的老厨师史密斯热泪盈眶地说：“罗斯福总统总是那样热情地关心着他人，在小事上关心别人的感情，怎么会不得到大家的爱戴呢？”

从这些小事中，我们可以看出罗斯福总统如此受人尊敬和爱戴的原因。作为一个国家的最高领导，他能够发自内心地对身边的人从小事上进行关心，这就使得他在众人心目中不是一个高高在上的总统，而是一个拥有巨大亲和力的人。他的下属们因为他的关心而深受感动，并更加认真地对待工作。

注重细节的领导，往往会使下属感到格外地高兴。下属病了，当他回来上班时，要向他问候。下属的妻子病了，他请假回去照顾，你应该让他代为问候。这些不过是举手之劳，但这样做会让下属觉得你是一个好领导。因此，领导者要懂得从小事上关心下属，把下属的喜怒哀乐、生活烦恼、情绪困扰都放在心上，适时地表示关切和慰问，这样会让下属感激不已，并通过积极的工作来表达对你的感激之情。

现实中，有很多领导也渴望调动下属的工作积极性，令其服从安排和管理，希望与下属保持融洽的关系，却苦于找不到实现这些愿望的办法。其实，办法很简单，那就是从小事上关心下属，真诚地关心下属。领导者可以从以下几个方面对下属表示关心：

1.关心下属，以下属为本

得人心者得天下。领导者在管理中要尊重和关心下属，以下属为本，多点人情味，使下属真正感觉到领导者给予的温暖，从而甩掉包袱，燃起工作的积极性。正如华人首富李嘉诚说过：“虽然老板受到的压力较大，但是做老板所赚的钱，已经多过员工很多，所以，我事事总不忘提醒自己，要多为员工考虑，让他们得到应得的利益。”这也许是每一位领导都应该持有的待人之道吧。

2.不仅要当好领导，也要当好老师

一个优秀的领导者，要想增进与下属之间的情感，关心下属是一方面，给下属一定的教诲也是一方面。比起对自己的关心，一个下属更渴望从领导那里学到一些实用的东西。因此，领导应该在这方面多加注意。如果发现下属比较自卑，就要帮助他建立自信，告诉他“你真的很棒”；如果下属能力有限，就在这方面多多提醒他，让他更快地提升自己的能力等。

听下属抱怨，赢得对方的信任

每个人都有自己脆弱的一面，都会遇到一些伤心难过之事，下属也不例外。作为一个领导者，在生活和工作中，你应该给予遭遇困难的下属一些安慰。在下属伤心难过的时候给他们一些安慰，是为人处世的一种美德，也是领导者应尽的责任。

我们华夏民族是一个重情义的民族，自古以来就有“患难见真情”“雪中送炭”之说。当下属伤心难过之时，很多领导都会好言相劝，对下属说：“没事的，坚强点……”“一切都会好起来的……”或者帮助他分析问题，告诉他如何去做。然而，也有一些领导会在这个时候批评下属：“早和你说过……”“活该，谁让你当初……”这种做法非但不会给下属一定的安慰，反而会让下属觉得这是“幸灾乐祸”的表现。

要知道，每一个下属在需要安慰之前一般都是经历过不断尝试和努力的，所以，这个时候，领导者要做的就是探寻他所走过的路，了解他在这个过程中所经历的痛苦，让他被听、被懂、被认可，然后告诉他，他已经做得够多够好了，这就是一种安慰。

因此，安慰是需要讲一些技巧的，恰当的安慰能让对方从伤痛中走出来，而不恰当的安慰则会适得其反。

汶川特大地震的时候，有一位妇女不幸失去了自己的丈夫，一位心理救援人员知道后，安慰这位妇女说：“我知道，你的爱人死了。没关系，失去了丈夫以后还可以再找。”另一个心理救援人员对一个刚刚死里逃生的男士说：“别伤心了，你已经够幸运了，起码还有胳膊有腿呢！”

他们的行为让被安慰者紧紧地闭上嘴，不再表露任何话语和情绪。

在平时，像这样错误的安慰还有很多很多，比如，在朋友失去亲人的时候，有人会说："别哭了，哭不是办法。"当朋友失恋时，有人安慰道："失恋的人多了，又不是你一个。"这样的安慰方式之所以达不到好的效果，主要原因就在于他们没有和被安慰者形成同感共情，而只是忙着将他们与其他社会标准进行比较。

如果说错误的安慰就像割裂伤口的刀子，那么，正确的安慰方式则是对心灵的包扎，大致有以下几种方法：

1.倾听很重要

由于每个人的人生经验、家庭背景以及工作性质等方面的不同，对苦恼的理解也会有所不同。因此，领导者在试图安慰下属前，首先要了解他的苦恼，这个时候，倾听就显得至关重要。倾听不是简单的沉默，倾听的过程中，要完全抛开自己的思想，将自己的想法以及意图全部搁置一边，用真诚的态度全身心投入。这样，被安慰者才会有一种温暖的感觉，对你产生信任。不仅如此，谈话的过程中，倾听者尽量不要插话，一定要让被安慰者将情绪全部宣泄出来。

很多安慰者在倾听的过程中一旦产生了共鸣，就迫不及待地提出自己的见解，其实这是一种很不好的做法。被安慰者有时仅需要安慰者当他们的"共鸣箱"，且不厌其烦地供其反复使用。一颗失落沮丧的心需要的是温柔聆听的耳朵，而不是长篇大论。聆听是"心心"相惜的过程，不要追问事情的前因后果，也不要急于作出判断，要让对方自由地表达自己的感受。

2.安慰是同情，但不是怜悯

同情是让你设身处地、将心比心地把别人的不幸当成自己的不幸，从感情上产生共鸣；同情是彼此站在完全平等的地位上交流思想感情，给对方精神上、道义上的支持，并分担对方的感情痛苦。而怜悯则是一种不平等的思想感情交流，它是一种上对下、尊对卑、富对贫、强者对弱者、胜者对败者、幸运者对不幸者的感情施舍。

在安慰别人的时候，很多人往往搞不清楚同情和怜悯的区别，经常把“可怜”“造孽”等词语挂在嘴边，仿佛在欣赏、咀嚼对方的痛苦。要知道，对于一些事业心强、自尊心强、个性强的人来说，无论其处境多么不幸，怜悯对他们来说都是一种变相的侮辱，只会刺伤他们的自尊心，激起他们的反感。

因此，领导者应该记住，安慰是同情，但不是怜悯。安慰别人时，应有劝慰也有鼓励，语气低沉而不乏力量，且尽量不当面说出“可怜”“造孽”等词语。

3.使用一些善意的谎言

善意的谎言，有时胜过不该说的真话。在安慰下属时，领导者适时的谎言往往能起到意想不到的作用。

当然，这里所说的谎言是指善意的谎言，其用心肯定也是善良的，其目的在于帮助被安慰者减轻心灵上的痛苦，重新拾起勇气。这样的谎言，即使对方后来知道真相，也会感激你，而不是埋怨你。因为他是被关怀、爱护的，而不是被欺骗、愚弄的。如果明知对方精神痛苦，本来就感情脆弱、意志薄弱、身体虚弱，还如实地将他所面临的噩耗讲出来，对方就有可能因承受不住沉重的打击而一蹶不振，甚至危及生命。所以，在这种特殊情况下，与其立即如实相告，还不如暂时隐瞒真相。

当然，作为一名领导者，在实际管理中还是应该以真话占据主导地位，不到万不得已，不要说谎话。

敢于总结和承认自己的错误

人无完人，每个人都会犯错误。身为领导，当下属犯错误的时候，你希望他能够主动认错；同样，当你犯错误的时候，你的下属也希望你能够主动承认错误，作自我批评。勇于承认错误是一个领导者应该具备的素质，领导者的大气魄就体现在主动承认错误和批评自己上。

主动承认错误后，你会发现你的心情随之明媚、智慧随之增加，周围的同事和下属也都很乐意助你真正成为优秀团队的核心；而如果你在自己犯错的时候把责任推给下属或者千方百计地为自己辩解，其结果是不仅不能得到别人的谅解，还会遭遇道德上的谴责和自身形象的损害，让你在下属面前失去威信，拉远和下属的距离。

在松下集团，一次，一位下属因为经验欠缺使一笔贷款难以收回，松下幸之助知道后勃然大怒，在大会上狠狠地批评了这位下属，指责他给公司造成了很大的损失。

事后，因为自己的怒气发泄完了，松下幸之助冷静了下来，仔细一想，他为自己的过激行为深感不安。因为那笔贷款的发送单上自己也签了名，而下属只是未摸准情况、没有把好审核那一关而已。既然自己也有责任，那么，就不应该这么严厉地批评下属。想通之后，他马上打电话给那位下属，诚恳地向他道歉，主动批评自己。当得知下属那天刚好乔迁新居时，松下幸之助立即登门祝贺，还亲自为下属搬家具，忙得满头大汗，令下属深受感动。

到此，事情还未结束，一年后的这一天，这位下属收到了松下幸之助亲笔写的一张明信片，内容是：让我们忘掉这可恶的一天吧，重新迎接新一天的到来。看到领导的亲笔信，这位下属感动得热泪盈眶。

领导不是神，总有自己的缺点，也难免会犯错误，有时甚至会给别人造成精神上的巨大痛苦和经济上的巨大损失。对此，如果领导能够及时承认自己的错误并且主动批评自己，一般情况下，都能得到别人的原谅。

领导若勇于承认错误，主动批评自己，就是一个了不起的人。事实上，这样的领导一定会受到下属的尊重，令下属产生信任。而这个信任会产生一种力量，一种让人信服并且愿意主动追随你的力量，并拉近与下属之间的距离。

美国南北战争时期，北军的失败，给总统林肯带来了极大的烦恼。一天，一位养伤的团长直接向总统请假，原因是他的妻子生命垂危。本来心情就不好的林肯听到团长申请请假，非常生气，厉声斥责说："你不知道现在是什么时候吗？战争，苦难和死亡压迫着我们，家庭的感情，和平的时候会使人快活，但现在它没有任何意义了！"听到总统的斥责，团长很难过，但是无奈的他只能回旅馆休息。

第二天清晨，天还没亮，忽然有人叩响房门，团长打开门一看，竟是总统本人。正在团长不知所措时，总统林肯握着他的手说："亲爱的团长，我昨夜太粗鲁了。对那些献身国家，特别是有苦难的人，不应该这样做。我一夜懊悔，不能入睡，现在请你原谅。"不仅如此，林肯还替这位团长向陆军部请了假，并亲自送那位团长到码头。

一个好的领导必然会在工作的过程中不断自省，对于错误也会坦然承认，并且主动向下属道歉。犯了错而不敢承认是欠缺自信的一种表现，因为一个自信的人会坚信自己不会再在同一个地方犯错。而且，从另一个角度来讲，如果领导羞于认错，而下属又不敢指正，那么大家就只能眼睁睁地看着错误一再出现，这样不仅会影响团队的竞争力，也会减慢自己增强能力的速度，影响自己在员工心目中的形象。

在犯错误之后，不敢承认错误是人的本能，就像一个物体向你飞来时你的第一反应是躲避它、不被它击中。不仅如此，很多人还会为此而寻找很多的理由来为自己的错误开脱，其实这样是没有任何好处的，因为，为了一个错误，你要绞尽脑汁地寻找很多借口。暂且不说这些借口是否合理可信，至少错误不会因为你的借口而消失，如果你不承认、不改正它，那么，它随时可能反咬你一口，让你更加痛苦。

因此，最简单、最直接的方法就是在下属面前主动承认错误，批评自己。第一，这样做，你就不用再为寻找掩饰错误的借口而抓耳挠腮了；第二，下属会因此更加信任你。主动批评自己不但不会降低你在下属心目中的威信，反而会增强他们对你的信赖。

第 8 章

领导者的激励口才，调动下属工作热情

在工作中我们不难发现，当下属的某种行为得到领导的正面影响时，其积极性就能得到充分调动，创造力也能得到超水平发挥。可见，领导的艺术不在于下指示、下命令，而在于激励、唤醒、鼓舞下属为工作目标去奋斗。一个只会下命令的领导不是好领导，一个真正优秀的领导会运用各种语言艺术去正面影响下属的心理，激发他们的工作热情。

多夸赞，激发下属的工作热情

在企业里，每一位认真工作、尽职尽责的员工，每一个在工作岗位上得到或大或小成绩的下属，都非常在乎领导的评价，渴望得到领导给予自己成绩的肯定。可以说，领导的肯定是努力工作的下属最想要的奖赏。

这里所指的肯定，是指领导对下属所取得的成绩给予的一种肯定、一种赞誉或褒扬。“肯定下属的成绩”是一门领导艺术，及时地肯定下属取得的成绩，不仅是对下属的一种尊重，也体现出领导善于发现下属的成绩的能力，还能有效地激发下属发扬长处、努力工作的积极性和下属的工作动力。

领导的肯定和鼓励胜过金钱。肯定是欣赏、是感谢，薪资的奖励和领导的鼓励带给下属的喜悦是无法相提并论的。美国大器晚成的女企业家玛丽·凯什说：“我认为，一个经理鼓励下属的最好方式莫过于肯定他们取得的成绩。”“肯定工作成绩”对于鼓励下属、调动下属的工作积极性具有神奇的力量。尤其是一些接连遭受失败的下属，即使他们取得了一点成绩，也仍旧会对干好工作失去信心，乃至开始怀疑自己的工作能力，这个时候，他们最需要的就是领导对他们取得的那微小成绩的肯定。哪怕是寥寥几句肯定的话，也能激发下属极大的工作动力。

法国一家化妆品公司新来一位年轻的化妆品推销员，在一次化妆品展销会上只推销出30美元的化妆品，因此，她感到很失落，情绪也很消沉。因为30美元确实微不足道，为此她怕经理责骂她。谁知，第二天经理得知这个消息之后，非但没有挖苦她，反而惊讶地说："昨天下午你的营业额达到了30美元，是吗？真了不起！"这个时候，正好有一个女士从旁边走过，这位经理又激动地对这位女士说："尊敬的女士，请允许我给您介绍一下我新招收的工作伙伴，昨天下午她的营业额达到了30美元！"说到这里，她停了一下，然后压低嗓音说："她前两次什么都没有卖出去，可是昨天一下午的营业额就达到了30美元，这是多么值得骄傲的成绩啊！"很明显，这位经理是在鼓励她的下属，肯定她的成绩。

这位经理的鼓励和肯定，激发了这位推销员的工作热情。几年之后，这位化妆品推销员成为公司最优秀的推销员之一。

如果当时那位经理没有及时地对那位年轻的化妆品推销员取得的成绩给予鼓励和肯定，那么，这位推销员可能就会因为"30美元"失去信心，更不可能成为最优秀的推销员之一。

玛丽·凯什认为："这种鼓励和肯定成绩的方法确实能够增强一个人的信心，能够激发一个人向前迈进的动力。我们对每一个细小的成绩都加以肯定，被肯定者才会有信心作出更大的努力。于是，小成绩往往为大成功铺平了道路。”

下属在工作中做出了成绩，不论成绩大小，领导者都要及时予以肯定，要让其感到领导时刻在关注自己，并能感到自我价值的实现。这样做不仅有利于进一步提高下属工作的积极性，令其做出更好的成绩，还能够对其他下属起到鞭策和激励的作用。如果肯定得不及时，时过境迁，下属心灰意冷，这时再去肯定他们的成绩，也就失去肯定的意义了。

当然，肯定下属的成绩时，要讲究一定的技巧，要根据下属成绩的影响大小，采用适当的方法。比如，小到一个眼神一个手势，或是拍一下肩膀；大到开会进行表彰等。还有就是，对那些取得了巨大成绩的下属，要趁其才华横溢之时，果断地将其提拔到更加合适的岗位上。这种及时任用，是对下属工作成绩的最大肯定，无论是对工作，还是对下属个人，都有重大的意义。

不过，对于下属取得的成绩也不能无原则地肯定，下面总结了几条原则，希望领导能够遵照。

1.肯定时要有诚意

领导在肯定下属取得的成绩时，说话要有诚意，要真心实意。不能虚伪地肯定，让人一看就是惺惺作态，与其这样，还不如不说。

2.肯定时要有度

在肯定下属取得的成绩时，要掌握一定的“度”。

如果对下属的肯定过高，就会使他产生飘飘然的感觉，不利于下属正确认识自己所取得的成绩，或者会让下属觉得领导是在说套话、说大话，因而对领导产生不信任感；如果对下属取得的成绩肯定不足，就会直接挫伤下属工作的积极性。

3.肯定时不要过于吝啬

有些领导不太注重肯定下属的成绩，尤其是跟自己关系密切的下属，在肯定的运用上表现得很吝啬。

他们认为下属所取得的成绩是他本身该尽的职责，作为领导，自己心中有数即可，不用多费口舌。这样同样会打击下属的积极性。

多肯定下属的工作能力

著名的教育家叶圣陶先生说过这样的话：“除非是圣人和傻子，人没有不爱听赞扬的。”赞扬能够拉近领导和下属之间的距离，能够激发下属工作的激情和潜能。赞扬在领导与下属的关系中尤为重要，这也是领导激励和认可下属的一种方式。

然而，现实中有很多领导都吝啬称赞下属做得如何好，他们将此归咎于自己缺乏必要的技巧。其实，称赞下属远远没有想得那么复杂，根本不用考虑时间、地点的问题，只要你愿意，随时随地都可以称赞下属。赞扬下属最有效的方法就是走到你的下属面前，告诉他们：“你的做法真是公司的榜样啊！好样的！”“你做得太棒了，果然没有令公司失望……”作为领导，你要知道，打动下属最成功的方式就是真诚的欣赏和善意的赞许。总之，一句赞扬的话能够让下属的士气受到鼓舞，激发其无穷的动力，令其拼命地工作。

道格拉斯是一家印刷厂的厂主，有一天，他收到了车间主管转交给他的一份非常糟糕的印刷品，这明显是一位刚进厂不久的工人干的活。这位新来的工人刚上班不久，由于怕动作慢了、不能按时完成任务，慌慌张张地，没有注意产品的质量，结果印刷出来的产品大部分不合格。

车间的主管认为这位新工人工作实在不认真，就狠狠地训斥了他一顿，说如果厂子里的工人都像他一样不负责任，那厂子里的残次品就堆积如山了。最后还说再出现这样的情况就要开除他。

道格拉斯在了解到这一情况后，找到那位新工人说：“昨天我很荣幸看到你印刷的产品，印得相当不错，年轻人，你干劲儿很足啊，每天都能按时产出那么多的产品。要是我们厂子里的工人都能像你那样有激情，那么我们的厂子就少有对手了。希望你能继续努力，好好地干下去。”

道格拉斯从头到尾没有说一句批评的话，有的只是表扬和赞美，他的表扬和赞美对这位新工人影响很大。果然，这位年轻的新工人后来干得很出色。

由此可见，赞扬的话可以改变一个人。这是因为，赞扬可以奇迹般地激励他人，使其在心理上和生理上都振奋起来。适当的赞美和表扬能够给人一种不可思议的推动力量，甚至改变人的一生。

作为领导者，你应该通过强调下属积极的方面——重视、欣赏和表扬下属做得好的事情，强化下属“把事情做好”的意识，这有助于让他们以一种更加积极的心态去对待本职工作。

美国哈佛大学心理学专家斯金诺通过研究表明：动物的大脑在收到鼓励的刺激后，大脑皮层的兴奋中心就会调动子系统，从而影响行为的改变。同样的道理，人作为万物之灵长，期望和享受欣赏是人类最基本的需要之一，日本的社会心理学家在细孝就说过：“人们在对你赞誉、佩服或表扬时，哪怕是应酬话，你也会觉得很舒坦。可是，当听到他人对你的批评或难听的话时，哪怕他不是恶意中伤，而且又部分符合实际，你也可能长期对他抱有反感。”一般下属的身上，都有着难以觉察的闪光点或是某种能力，哪怕这种能力再微小，也是一个下属个人价值的生动体现。而优秀的领导者往往独具慧眼，大多是赞扬下属的专家。

领导者的赞扬是下属工作的精神动力。同样，一个下属在不同的领导者手下工作，工作劲头会截然相反。这与领导者是否善于运用赞扬的激励方法有着密切的关系。所以，优秀的领导者往往会多用赞扬的方式来激励下属，这样，下属们在工作的时候会激发出更大的工作热情。

不过，赞扬下属虽说是一件好事，但也不是一件简单的事。在赞扬下属的时候，如果不掌握一定的技巧，即使是真诚的赞扬，也未必能取得良好的效果。因此，赞扬的话也要学会巧妙地说，这样才能收到预期的效果。

下面是总结的两条技巧，希望对领导者有所帮助。

1.赞扬下属要实事求是

领导在说赞扬的话之前，先要考虑一下，这种赞扬有没有事实根据；下属听了是否会相信；第三者听了是否会不以为然；一旦出现异议，你有没有证据来证明自己的赞扬能站得住脚。

所以，赞扬只能在事实的基础上进行，要实事求是。

2.赞扬的话要热情具体

在生活中，经常听到有人这样漫不经心地赞美别人："你的球打得真不错！""你的衣服真漂亮！"这种缺乏热诚的空洞的赞美并不会使人感到开心，有时甚至会因为你的敷衍而引起对方的不满和反感。

你不妨这样说："你的球打得真不错，应该可以进专业的球队了！""你的衣服真漂亮，很适合你这个年龄！"这种说法比那种空洞的赞扬更有吸引力。

善用激将法，挖掘下属的潜能

身为一名领导，或许你经常会碰到这样的情况：你有一项任务，准备交给下属去做，尽管他有足够的能力完成，但他推三阻四地找出一大堆不愿意干的理由。这个时候，如果你用“激将法”刺激他一下，则会起到很好的效果。

“激将法”，通常是从反面刺激对方，使其接受建议，从而达到激励的效果。有些时候，因为种种原因，正面鼓动难以奏效，这种情况下，不妨从反面来刺激一下对方，直接贬低对方，从而激发他的巨大潜力。

刘刚现在是一家上市公司的副董事长，有一次，在跟同事们聊天的时候，刘刚充满深情地提到了初中的一位老师，并感慨地说，如果没有那位老师当年讲的话，可能就没有自己的今天。同事们都在心里暗暗猜想：那位老师当年讲的肯定是很深情、很有鼓动性的话。有一位同事耐不住性子就问了刘刚，结果却出乎大家的预料。

原来，刘刚上初中时整天调皮捣蛋，不好好学习，喜欢跟别的同学打架，还经常顶撞老师……他在老师和同学的眼中就是一个顽劣不堪的学生，家长和老师都驯服不了他。直到有一天，他所在的班级来了一个新班主任，他才有所改变。有一天，他又一次跟别的班级同学打架，并把人家的头打破了，那位新来的班主任怒气冲冲地对他说：“刘刚，我看你确实是扶不起的刘阿斗，这辈子都没有出息了，如果这辈子能有点出息，那绝对是太阳打西边出来了。你就这样混日子吧，我把手指头剁了也不相信你能干出点出息的事儿……”

班主任老师的这番话对当时还只是孩子的刘刚触动很大，他没有想到老师和同学们从心里都瞧不起他，认为他不会有出息。于是，他在心里暗暗跟老师打了个赌，自己非要干出一番事业来让老师看看，拿成绩来堵住老师的嘴。于是，刘刚决定改掉所有的恶习，好好学习……

最后，刘刚通过自己一步步的努力，终于获得成功。那时，他才真正明白老师当年说那番话的良苦用心。

上述故事是一个使用“激将法”的典型例子。班主任老师抓住刘刚的心理，狠狠地迎头泼上一盆冷水，打击一下他的情绪，这让刘刚在愤怒之下爆发出巨大的力量，从而有了现在的成就。这也是一种激励。

此外，三国时期的蜀国诸葛亮也很善于运用“激将法”。

在《三国演义》第六十五回中，马超率兵攻打葭萌关的时候，张飞请令出战，诸葛亮却故意说：“马超勇猛无比，在渭水将曹操杀得大败，此番只有派张飞、赵云两位将军才能将他打败。可是赵云在外驻守，看来只有把关云长调回来配合张飞出战了。”

这一下，激恼了张飞。张飞当即立下军令状，说不拿下马超就提头来见。果然，张飞一个人出战马超，最终使马超归降。

论个人战斗力，张飞不一定敌得过马超，但正是诸葛亮的“激将法”起了重要作用，激发出了张飞巨大的潜能。

“激将法”已成为现代企业管理中激励员工发挥潜能的方法之一。“激将法”好用，想用好却有讲究。领导在使用“激将法”时应该因人而异，要避免试图一蹴而就的做法，这也是确保“激将法”产生效果的关键。如果忽视下属的客观差异，“激将法”运用失当，难免会产生副作用。

因此，领导在使用“激将法”激励下属时，要把握以下两个原则：

1.选择好对象

“激将法”有一定的适用范围。“激将法”主要适用于那些社会经验、人生阅历不太丰富，并且容易感情用事的下属。对于那些老成持重、社会经验丰富、办事稳重的人，“激将法”就难以发挥作用。

另外，要注意的是，“激将法”也不适合用在那些性格内向、自卑感强、做事谨小慎微的下属身上。因为那些下属的心理承受能力较差，过于刺激的语言往往会被他们误认为是对自己的嘲笑、挖苦，他们很有可能因此对领导心生怨恨。因此，选择好对象是领导使用“激将法”要把握的第一原则。

2.注意言辞的分寸

领导在使用“激将法”时，还要注意语言的分寸。如果语言过于刻薄或者锋芒太露，容易使下属形成反抗的心理。如果语言过于无力、不痛不痒，就难以让下属的情感受到震撼。

因此，领导在使用“激将法”激励下属时，一定要掌握好语言的分寸，既不要太过，又不能不及。

目标激励法，调动下属的积极性

每一位下属都需要成就感，都希望不断获得成功，而成功的标志就是达到预定目标。有了目标，下属工作的时候才会感觉有奔头，才能产生奋斗的动力，这也是采用目标激励法最大的作用。正如联想董事局主席柳传志说的那样：“目标是最大的激励，给下属一个值得为之努力的宏伟目标，比任何物质激励都来得实在，也比任何精神激励来得坚挺。”

目标作为一种满足人的需要的外在物，对人们的积极性起着强烈的诱发、导向和激励作用，并可以调节人们的行为，把行为引向一定的方向，使人们获取心理上的满足。

有一位心理学家做过这样一个实验：有甲、乙、丙三个10人的小队分别步行20千米去往三个不同的村庄。

甲小队不知道要去的村庄的名字，也不知道要走多远的距离，道路的两边更是连一个指示标志都没有，后面的队员只是跟着前面带队的人往前走。结果，仅仅走出去四五里路，队伍里就有人叫苦不迭了，领头的人提醒队员们再坚持坚持。但是又往前走了四五里路后，又有几个队员实在坚持不了了，说什么也不往前走了。结果这个小队的人越往后走情绪越低落，最后到达目的地的人寥寥无几，而且每个人都疲惫不堪。

乙小队就比甲小队幸运多了，知道要去的村庄名字，不过沿途仍是没有任何指示标志。他们已经估计出需要走多久，然而，在走了一半的路程之后，也有队员开始叫苦不迭，问领队的人还要走多远的路。由于没有指示标志，领队的人也不能告诉这些队员确切的信息，只是凭借经验说可能还有一半的路程。于是，队员们又坚持着朝村庄走去。当走到距离村庄还有1/5的路程时，又有队员开始闹情绪了，觉得这条路怎么总是走不到头，越走越疲劳，于是有很多队员放弃了。最终到达村庄的只比甲小队多两个人。

丙小队是最幸运的，他们不仅知道村庄的名字，还知道要走多远的路，更让人庆幸的是，路边每一公里处都有指示路牌，告诉人们要到达的村庄的距离。队员们一边走，一边留意指示路牌，每走一千米，心里就是一阵小小的快乐，然后再朝着下一个指示路牌走去，所以他们的情绪都很高涨，并且忘记了疲惫。走了15千米路时，才有队员感到有点累，但他们并没有叫苦不迭，更没有队员说放弃，反而大声唱起了歌，相互鼓励、搀扶，继续向前走。最后三里地，当村庄隐隐若现的时候，队员们已经忘记了疲惫，越走越快，最后所有队员都到达了目的地，并且彼此拉着手欢快地跳起了舞蹈。

通过心理学家的这个实验不难知道：人的行为有没有目的性，其结果是完全不一样的。人的行为一旦失去了目标的指引，就非常容易引起身体疲劳、情绪低落和心理上的不适应，即使达到了目标，人们也不会产生满足感。而有了明确的目标，并且把自己的行为与目标不断对照，清楚地知道自己与目标之间不断缩小的距离时，人们就会产生强大的动力，获得更大的满足。

现代企业管理也是一样的道理。如果下属连自己的工作目标都不明确，就失去了奋斗的方向；失去了目标的指引，就不会产生满足感，且更容易滋生压力，导致出现一系列的心理问题。相反地，如果下属有了明确的目标作为指引，那么就会自然而然地产生实现目标的动力，心理抗压能力也会增强，目标实现后还能以更高的热情继续投入工作。这样一来，就会形成一个良好的连锁反应。因此可以说，目标是对下属最大的激励。

领导要想成功地激励下属，使其产生巨大的工作动力，就要善于不断地为下属制定具有诱惑力的目标，让下属永远充满希望，努力实现领导者的预言，从而促进下属与企业一同进步。松下电器的创始人松下幸之助曾经说："领导者的重大责任之一，就是让员工拥有梦想，并指出他们努力的目标，否则就没有资格当领导。"在他担任松下电器社长期间，他不断地向员工描述公司发展的目标，不仅让员工对未来充满了希望、看到了自己未来奋斗的目标，同时也震惊了全世界。一时间，松下电器成了同行们学习的榜样。

那么，领导在为下属设立目标时，如何才能设计得合理、科学呢？下面总结了三条原则，望领导设定目标时能够遵循。

1.目标的可行性

领导在设定目标时要注意目标的可行性。换言之，即目标实现的可能性的大小和目标的实现对于下属本人价值的大小。如果领导设定的目标可行性比较大，并且目标的实现对下属本人的价值也很大，那么，这种目标的激励作用就更大。反之，当下属的需要与目标存在差距时，他们的心理就会处于紧张状态，激励的作用就会变小。

例如，某公司的员工一个月的平均工资是1600元，而公司最近的效益又不太好，这个时候，公司领导对员工说："大家好好干，等我们公司明年上市了，我给大家的工资翻三番！"试问，如果你是这个公司的员工，听到领导这么说，你会有工作动力吗？肯定没有。公司目前只是一个小规模的公司，而最近效益又不好，等公司上市估计都猴年马月了，谁会去傻傻等待这种几乎难以实现的"涨工资"呢？作为领导，你不妨告诉员工："虽然公司目前效益不好，但是我要告诉大家的是，只要这个月我们公司的效益和上个月持平，我就给大家发红包！"我相信，这种可行的目标更容易激起员工的士气。

2.目标要具体明确

领导设定的目标越具体明确，下属行动的效果越容易接近理想化；反之，就会出现下属动力不足的情况，即使下属盲目用力，取得的结果也往往不是公司想要的，这样一来，下属的积极性就会削弱。例如，告诉下属"下个月我们的目标是1000万"要比"下个月我们一定要做更多的业绩"更能激励下属。

3.目标难易度要有阶梯性

如果领导设置的目标能够轻易地被下属实现，就难以吸引下属，自然激发不出他们足够的热情和干劲。如果目标的难度非常大，下属则会因此失去信心，也不会感兴趣。例如，在告诉下属一个5年规划的同时，要把这个目标分成几个阶段，让下属一步一步地去实现。

宽慰言语，让下属竭尽全力工作

在很多企业里，当下属犯了错误时，领导者都会严厉批评一番，有时甚至将员工骂得狗血淋头。在他们看来，似乎这样才能起到杀一儆百的作用，才能体现规章制度的严肃性、显示出领导的威严。其实，有的时候过于关注员工的错误，尤其是一些非根本性的错误，会大大挫伤员工的积极性和创造性，甚至使员工产生对抗情绪，这样就会导致非常恶劣的结果。有这样一句话："总盯着下属的失误，是一个领导者的最大失误。"因此，在管理过程中，领导者要学会宽容下属的错误。

宽容是一种很好的"驭人之道"。对下属管理得当就会对下属起到很好的激励作用。作为领导，你不仅要有宽容之心，还要会说宽容的话，要从全局出发，用发展的眼光看待问题，用宽容的心面对下属所犯的错误，并且多给下属一些鼓励，通过说一些宽容的话进行激励，来达到激发员工的工作热情、提高工作效率的目的。只有宽容，才会让下属工作更有信心，才会让下属对领导有一种真正的感激，从而加倍努力工作。

有着“全球第一CEO”之称的通用电气前最高首席执行官杰克·韦尔奇在对待员工的错误时就表现得很宽容。

杰克·韦尔奇认为：管理者过于关注员工的错误，就不会有人勇于尝试。而没有人勇于尝试比犯错误还可怕，它使员工故步自封，拘泥于现有的一切，不敢有丝毫的突破和逾越。所以，评价员工的好坏，重点不在于其职业生涯中是否保持不犯错误的完美记录，而在于其是否勇于承担风险，并善于从错误中学习，获得教益。

通用能表现出强大的企业竞争力，与韦尔奇的这种对待员工错误的方式有莫大的关系。同样，西门子公司对员工的错误也持宽容的态度。

西门子（中国）有限公司人力资源总监说：“我们允许下属犯错误，如果那个人在几次犯错误之后变得‘茁壮’了，那对公司是很有价值的。犯了错误就能在个人发展的道路上不再犯相同的错误。”在西门子有这样一句口号：“员工是自己的企业家。”这种氛围使西门子的员工有充分施展才华的机会，只要员工有创造性的活动，既便失误了公司也不会怪罪。

对待下属和员工的错误保持宽容是一个优秀领导者的美德。

日本有一个表演大师，有一次在上场前，他的弟子告诉他鞋带松了。大师点头致谢，蹲下来仔细系好。等到弟子转身后，他又蹲下来将鞋带松开了。有个到后台采访的记者看到了这一切，不解地问："您为什么又将鞋带解松呢？"大师回答道："因为我饰演的是一位劳累的旅者，经过长途跋涉以致鞋带松开了，通过这个细节可以表现他的劳累状况。""那你为什么不直接告诉你的弟子呢，难道他不知道这是表演的真谛吗？""他能细心地发现我的鞋带松了，并且热心地告诉我，我一定要保护他这种热情的积极性，及时地给他鼓励。至于为什么不当场告诉他，我想教育的机会将来会有更多，可以下一次再说啊！"

这位表演大师并没有因为弟子看不出自己的用心而责怪他，而是对他的错误保持了宽容，并且对他的细心进行了嘉奖，可谓别具匠心。他既没有打消弟子以后细心面对生活的热情，又为日后的教育作了良好的铺垫。

做个有宽容之心的领导者，这样会让下属发自内心地感激你。领导者应该清楚每个下属的能力，不能总以一成不变的标准或自己的标准来要求下属。当然，对下属严格要求也是必要的，其实，严格要求和宽容待人是不矛盾的。严格要求即指领导者要为下属制定高标准的工作要求，而宽容则是在下属犯错误或因为某种原因没有按时完成工作时领导应该对他们采取的态度。假如一个领导者总是盯着下属犯的错误，就会大大打击他们工作的积极性，更别说激发他们工作的热情了，这对企业的发展没有丝毫的好处。

一个优秀的领导者在下属犯错时，是不会一味地责怪或批评的。他们会用宽容来面对下属的错误，变责怪为激励，变惩罚为鼓舞，让员工在接受惩罚时怀着感激之情，进而达到激励的目的。每个下属都是需要鼓励的，有鼓励才能产生动力。批评的同时给予适当的肯定，把握好了，你将会成为一名出色的领导者。

竞争机制，充分发挥下属的创造性

在田径场上，运动员独自跑步也许跑不出什么惊人的成绩，如果给他找一个竞争对手，他就会不由自主地加快速度，这就是竞争的作用。如果将此法用在管理上，一样能够激起员工的好胜心，让他工作起来斗志昂扬，且卓有成效。

处在如今这个竞争激烈的社会，竞争不仅是企业生存的最大武器，同样也是激励员工向上的绝好方式。“马儿眼见就要被其他马儿超越时，跑得最快。”在员工之间注入竞争意识，利用他们的好胜心理，可最大化地激发他们的工作热情，满足他们获胜、拔尖、成为优秀者的愿望，进而让每个员工都能发挥自己的最大潜能。

丹尼尔斯是一家炼钢厂的老板，不过最近钢厂的生意不是很好，因为钢厂的工人们总是完不成定额。

于是，丹尼尔斯到生产车间找到负责生产的经理询问：“像你这么一位有能力的经理都完不成工厂的任务，我们该怎么办？”

“我也不知道，我现在已经黔驴技穷了。”这位经理回答说，“我已经用好言好语鼓励过这帮工人，我也想方设法劝告过他们，还骂过他们，甚至用开除来威胁过他们，但是都没有效果，他们照样完不成任务。”

他们谈话的时间正是白班即将结束、夜班还没有开工的时候。“给我一根粉笔，谢谢。”丹尼尔斯说，然后他转向离他最近的一位工人并问他，“你们今天白班炼了几炉钢？”

“6炉。”这位工人回答说。

丹尼尔斯什么话都没说，他拿起手中的粉笔在墙壁上写了一个大大的“6”字，就转身离开了。

白班下班时，夜班的工人正好进来，看到墙壁上大大的“6”字，就问白班的工人怎么回事。“今天老板来我们这里了，”白班工人说，“他问我们今天白天炼了几炉钢，我告诉他6炉，他就用粉笔在墙壁上写下了这个‘6’字。”

第二天早晨，丹尼尔斯再次来到这个炼钢的车间。夜班工人把墙上的“6”字擦掉了，重新写了个“7”字。白班工人看见夜班工人在墙壁上写了个大大的“7”字，知道夜班工人的成绩比白班好。白班工人想超过夜班，于是他们热火朝天地大干了起来，到了交班的时候，他们竟然在墙壁上写下了个大大的“10”字。此后，一班胜过一班。

于是，在相当短的时间内，这个原本生产落后的炼钢厂转变成了一家位居全球前列的炼钢厂。

要问丹尼尔斯究竟使用了什么方法使厂里工人的干劲

如此高涨，用他自己的话说就是：竞争的方法。工人们不是为了多得工资，而纯粹是被好胜心所驱使。用竞争来激励员工，可以使他们表现得越来越好。竞争可以强烈地刺激每位员工的进取心，使他们力争上游、你追我赶，每个人都能够拥有极大的工作热情。

心理学家通过实验已经表明：竞争可以增加50%或更多的创造力。因为每一个人都有自尊心、上进心，耻于落后，而竞争是刺激他们的上进心的最有效方法，同样也是激励员工的最佳手段。在企业里，缺少竞争，员工就缺少压力，没有压力就没有动力，员工自然就不会有多么大的工作热情，也不会有多么高昂的工作斗志。

因此，领导者应该充分利用员工的好胜心理，多使用竞争激励的方法，让每一位员工都有竞争的意识并参与到竞争中来，这样做不仅可以让员工的斗志经久不衰，就连企业的活力也会永不衰竭。换句话说就是，只有竞争，员工才能士气高涨，企业才能生存下来。

领导者在使用竞争激励时，可以在企业中举行各种各样的竞赛，如销售竞赛、服务竞赛、技术竞赛等，并公布竞赛成绩，奖励获胜者；公开竞选，进行各种职位竞选。还有一些称为“隐性的竞争”的方式，如定期公布员工工作成绩、定期评选先进员工等。领导者可以根据自己公司的具体情况，不断推出新的竞争方法。

另外，领导者在实行竞争激励时要避免恶性竞争的出现，一旦出现恶性竞争，势必会破坏团队精神。企业的成功依赖于全体员工的团结，而不正当的竞争足以毁掉企业赖以生存的根基，更谈不上激励员工了。那么，如何才能避免恶性竞争的出现呢？以下总结了几点方法，希望对领导们有所帮助。

（1）对员工进行团队精神的教育，要让员工们明白：竞争的目的是团队的发展，而不是“内耗”。

（2）创造一个富有奖励的共同目标，只有让员工团结合作才能够达到最终目标。

（3）对竞争的内容、形式进行慎重的选择，剔除易产生彼此对抗、直接影响对方利益的竞争项目。

（4）创造或找出一个共同的威胁或“敌人”，如另一家同行业的公司，借此转移员工彼此之间的对抗情绪。

综上所述，领导者在利用员工的好胜心理进行竞争激励时，一定要避免出现恶性竞争，积极引导员工进行良性竞争，只有这样才能激发员工的热情、干劲和斗志。

第9章

领导者的实用口才，指导工作更有效

“玉不琢，不成器。”作为一名管理者，如果你想塑造一个训练有素的、团结的、有战斗力的员工队伍，如果你想让你的下属按照你期望的方式和行为来完成任务，取得预期的成果，就必须运用好口才这门艺术，通过严谨、准确、灵活的谈话方式教导对方，让其可以正确有效地执行工作。

准确地下达指令，让下属更容易掌握

领导者日常工作的大部分内容和时间都是在对下属进行管理，其中最常见也最普遍的管理方式就是下命令。但是，有些企业的领导经常向下属下达一些让人摸不着头脑的指示或者含糊不清的命令，事后又责怪下属没有认真地执行他的命令。因此，有一些领导经常抱怨说自己的命令总是不能被下属很好地执行。殊不知，下属没能很好地执行命令，主要是因为命令本身不明确。

宋明远在一家单位当科长，最近总是为这样一件事所困扰——在工作中总是得不到下属的协助。

在参加单位组织的一次座谈会时，他碰见了一位老前辈，于是宋明远向这位前辈诉苦，并请他支个招。老前辈问他："你在给下属下指令的时候，有没有明确地指出命令的具体内容和目的呢？"经过这位职场老前辈的悉心指点，宋明远这才恍然醒悟，原来，一直困扰自己的问题，根源竟然在自己身上，源于自己在给下属下达指令的时候从来都是含含糊糊，没有对下属详细说明指令的内容和目的。于是他下定决心要改掉这个毛病。

第二天，他又给下属下命令："这个方案你必须在下周举办的员工表彰大会上提出来，所以，你必须在表彰大会召开的前三天完成它。还有，这一则招聘人才的启事除了在报纸上刊登，还可以登在一些求职杂志上，你还要在一些招聘网站上动动脑筋。去吧，尽快把它做好。”这次，下属则没有推托，麻利地去执行了。

领导在下达命令时，有必要向下属全面介绍一下相关工作的情况，这样做不仅有助于令下属从全局来考虑问题，还能令其发挥工作的主动性，出色地完成任务。

领导者下达使人容易明白的、简洁而清楚的命令，下属就能够准确地知道你想做什么，并马上着手去做，不必再一次又一次地跑回你那里只是为了弄清楚你说的话。在大多数情况下，下属们没有为你做好工作的主要原因，就是他们没有真正弄明白你究竟想做什么。因此，作为领导，如果你希望你的指令能够被下属不打折扣地执行到位，那么，命令清晰明确是绝对必要的。

那么，领导如何做才能使下达的指令更加明确，有利于下属的执行呢？

1.下达的指令一定要简洁

领导下达的指令要简洁，越简洁的指令越容易被下属执行。

简单明了的指令比较容易被下属理解，有利于加快下属执行的速度，并且下属在执行时能有效地减少错误的出现。

但是简洁不等于模糊，其中特别需要注意的事项绝对不能省略。

2.下达的指令一定要准确

领导给下属下达指令时，如果表达得不清晰、存在歧义，就会导致下属不能完全按照领导的意图去执行。领导可能会因此批评下属的领悟能力，对于那些动作迟缓的下属，领导还会表现得很不耐烦。久而久之，领导与下属之间就会不可避免地产生矛盾。

因此，在向下属下达指令时要求领导准确清晰地说出自己对任务的要求，这样下属就不会因为听不明白而执行不力了。

3.下达指令时一定要抓住重点

领导在向下属下达指令时要抓住重点。

但是，在很多时候，很多领导在下达指令的时候连自己都没有弄清楚指令中的要点是什么，下属们听了更是丈二和尚摸不着头脑，即使听了也记不住，极易漏掉要点，最后导致执行不到位。

所以，在向下属下达指令之前，领导们对于任务的要点必须一清二楚，这样在布置任务时才能使下属一目了然，明白该做什么、怎样去做，不至于出现执行不到位的情况。

4.对自己下达的指令要作记录

在大部分企业里，领导都是日理万机，事务繁忙，有时候一天可能要下达七八个指令，时间久了，常常连自己都忘记了具体下达过哪些指令。因此，为了避免这种情况的出现，就要求领导者对自己下达过的指令作个记录。

比如，领导者可以制作一张“指令记录表”，在上面填上任务的具体内容、任务执行者、要求完成的期限、要求达到什么样的结果等内容。这样做的好处是，不仅方便领导者自己记忆，同时也能监督下属更好地执行。

诙谐的工作风格，让下属更放松

幽默是思想、学识、智慧和灵感在语言运用中的结晶，是一瞬间闪现的光彩夺目的火花。有人曾经形象地说：“没有幽默感的语言是一篇公文，没有幽默感的人是一尊雕像，没有幽默感的家庭是一间旅店，没有幽默感的社会是不可想象的。”

可见，人与人沟通时不能没有幽默感，尤其是领导者，由于地位的特殊性，在日常工作中往往需要说很多话，所以，在谈话的过程中，一定要恰当地运用幽默的语言。

看看下面故事中的这位主任，就是通过幽默的语言让下属欣然接受工作的。

莉莉是一家公司办公室主任的秘书，这天下班的时候，她着急忙慌地往外走，因为她要赶时间去赴男友6点半的约会。谁知道，在跨出办公室门的时候，主任却叫住了她。

“莉莉，能不能再帮我打印一份报告？”主任对站在门口的莉莉说。

“现在已经下班了，我还要赶时间参加约会，明天吧。”莉莉无奈地答道。

主任看莉莉一脸尴尬、无奈的表情，便故作谦虚地说：“我的头脑是586，而你们年轻人是奔腾4，所以那份报告应该可以很快就能打出来的。”听完主任如此幽默的话，莉莉低头看了看表，欣然接受了这个“临时加塞”的任务。

结果，莉莉只用了十分钟就打印完了那份报告。

像上面这位主任一样的领导，一定会和下属打成一片，因为这样的领导不会用权力压人，他们会运用幽默的语言让下属在笑声中欣然接受工作。下属遇到这样的领导，作出一些让步也是心甘情愿的。

还以上面的故事为例，那位办公室主任在向莉莉分派工作时，如果依仗权力威胁道：“如果你不留下打印那份报告，我就辞退你。没有了这么好的工作，你在你男朋友眼里就什么都不是了。”——这样说话只会让下属对领导者产生强烈的反感，甚至可能引发更深层次的矛盾。而如果领导者在言谈中使用幽默的语言，那么，不仅能够贯彻自身的主张，让下属欣然地接受任务，还不至于不得罪下属，何乐而不为呢？

说话幽默的领导为人豁达，说出的话风趣诙谐、有魅力，能够为自己增加亲和力，容易让人接近。

有一位秃顶的将军去参加一个宴会，身边的侍应生由于紧张，把手中的酒水洒到了他的秃头上。侍应生赶忙道歉，吓得大气都不敢喘了，旁边的人也都紧张地看着这位一向看起来很严肃的将军。

出人意料的是，那位将军却自嘲地说了这样一句话："我说小兄弟，你觉得这种方法能够治疗秃头吗？"宴会上的人都被逗得哈哈大笑，一时紧张的气氛得到了缓和。将军得体的幽默，得到了大家的称赞。

幽默的谈吐能够给下属以美的享受，更能够显示出领导者高明的说话水平。幽默是人际关系的开心果，是领导和下属沟通的纽带，在领导和下属沟通交谈的过程中必不可少。当然，作为领导，你要让你的幽默运用得恰到好处，就要注意以下三点：

1.选择合适的对象和时机

在与下属的言谈交流中，幽默的语言固然能够起到积极的沟通作用，但是，如果不能选择合适的对象和恰当的时机，便会引起对方的不满和愤怒。

比如，在长辈和师长面前，当对方比较伤感的时候，最好能够严肃一些。

2.明确动机

幽默不同于别的语言表达方式，幽默讲究含蓄。它不是尖酸刻薄的讽刺，又有别于恶意的嘲笑。人们常常利用幽默对社会上的一些不良现象进行善意的批评，通过"笑"给人以启示。

3.切勿粗俗

领导在与下属沟通交流时，加入一些幽默的语言，能够让下属在笑声中消除紧张和难堪，更有利于打开下属的心扉，令下属畅所欲言，达到流畅沟通的目的。

但是，在使用幽默的语言时，要多使用高雅的幽默，切忌粗俗的幽默。高雅的幽默代表着一个领导的文明程度的高低、修养的深浅，高雅的幽默能够增强领导的亲和力和感召力。说话诙谐幽默、举重若轻的领导，往往能够得到下属的欢迎和爱戴。

如果领导者在使用幽默时附庸风雅、哗众取宠，甚至过于粗俗、低级趣味，非但不能提高领导的形象，反而会招致下属们的反感甚至厌恶。

管理者工作中的言行禁忌

领导者在和下属相处或交谈时，难免有做错事或说错话的时候。作为领导者，如果你因为自己的言行不慎而给下属带来了精神上的痛苦或是其他方面的损失，那么，你就应该及时向下属道歉，真诚地道歉，以求得对方的原谅和宽恕。

真诚道歉不但可以修补破裂的关系，而且可以增进领导与下属之间的感情。然而，在很多领导者看来，向下属道歉就是否定自己，再说自己的面子也过不去，因此是一件十分尴尬的事情。事实上，在发现自己办错事或说错话时，不能向下属表达歉意或承认错误，任由自己一错再错，这才是最尴尬、最可怕的事情，这样不但不能修补破裂的关系，而且可能导致更大的、更激烈的矛盾出现。因此，领导在和下属相处或交谈时，一旦发现自己做错事或说错话，就要及时向下属致歉，以免矛盾进一步升级。

1754年，还只是一名上校的华盛顿率领部下驻守亚历山大。

有一次，在选举弗吉尼亚州议会会员时，有一名叫威廉·佩斯的人反对华盛顿所支持的人。据说，华盛顿与佩斯在关于选举问题的某一点上发生了激烈的争论。华盛顿说了一些冒犯佩斯的话，佩斯则一拳把华盛顿打倒在地。华盛顿的部下立马冲过来，准备为他们的长官报仇，但是华盛顿立即制止了他们，并劝说他们返回驻地。

第二天一大早，华盛顿递给佩斯一张小纸条，要求他尽快到当地的一家小酒店去。

佩斯如约到来。他本来是准备进行一场争斗的，但是看到的场面令他感到惊讶——他看到的不是手枪，而是酒杯。

华盛顿说："佩斯先生，犯错乃是人之常情，纠正错误是件光荣的事情。很抱歉我昨天向你说了那样的话，我相信昨天我是不对的，而你也已经在某种程度上得到了满足。如果你认为此事到此可以解决，那么，请你握住我的手，让我们成为朋友。"

从此之后，佩斯便成了一个热烈拥护华盛顿的人。

华盛顿真诚的道歉不仅赢得了对方的尊重，还赢得了对方的支持。由此可见，道歉并不是什么见不得人或没面子的事情，真诚的道歉反而会给你带来尊重和支持。

领导者在与下属相处时，免不了说错话、办错事、得罪人，如果领导者能够及时认识到自己的错误，真诚地向对方道歉，不但能得到对方的谅解，还会增进与对方的感情。相反，如果在发现自己犯错时一味地为自己找借口辩解，那么，不但得不到谅解，还会失去下属的信任和拥戴。因此，领导者要想拥有良好的人缘，就不能小看道歉的作用。

道歉也要讲究方法和技巧，以下是在道歉时必须注意的几个问题：

1.态度要诚恳

领导在向下属表达歉意的时候，首先要求领导的态度必须诚恳。

美国著名学者苏珊·杰考比这样说过：“在我最初的记忆中，母亲对我说，在说‘对不起’时，眼睛不要看地上，要抬起头，看着对方的眼睛。这样，人家才会明白你是真诚的。我母亲就这样传授给我良好的道歉艺术——必须真诚。你必须不是在假装做其他事情。”

道歉并非耻辱，而是真挚和诚恳的表现。

2.道歉要及时

领导在犯了错误后，向下属表达歉意的时候一定要及时，即使不能在第一时间里表达你的歉意，也要日后看准时机及时表示自己的歉意。

闻一多先生早年曾经是“新月派”的诗人，与鲁迅先生产生过矛盾，跟他作对过。后来，当他发现是自己的错时，鲁迅先生已经逝世。于是，他在纪念鲁迅先生的大会上，当众表示自己对鲁迅先生深深的歉意。他说：“反对鲁迅先生的还有一种自命清高的人，就像我这样的一批人。”讲到这里，他忽然转过头去，望着墙上的鲁迅像，鞠了一躬，然后说：“现在我向鲁迅先生忏悔：对不起，我们错了。当鲁迅正在受难时，我们却在享福。如果当时我们能有鲁迅那样的硬骨头精神，哪怕只有一点，中国也不会像现在这样了。”对于闻一多这种坦诚直率的品德，与会者无不报以热烈的掌声。

由此可见，及时道歉，在很大程度上能够弥补言行不当带来的后果。

3.道歉要坦诚

领导者在发现自己犯了错误时，要检讨自己，纠正错误，学会道歉。这是一种美德并且值得尊敬。

因此，不必躲躲闪闪，但也不能夸大其词，一味地往自己脸上抹黑，那样，下属不仅不会接受你的道歉，而且会心生厌恶，觉得你是虚伪的。

准确有条理地给下属安排任务

在现代一些企业中存在这样一种现象：领导者动不动就亲自上阵，无论什么工作、无论事情大小都自己干，结果领导者自己常常忙得不可开交，而下属们却不知道该干些什么。这样做非但不能有效地利用企业的人力资源，更大大降低了下属工作的效率。究其原因，主要在于领导者不知道如何去委派任务。

通用前CEO杰克·韦尔奇说过这样的话："进行工作分配和授权的主要好处就是使工作变得容易。"因此，领导者不仅要做好自己的工作，还要学会有效地分配工作，只有准确而条理清晰地向下属委派任务，才能使任务得以完成。

下面讲的就是一个善于委派任务的小故事。

去过寺庙的人大概都知道，一进庙门，首先映入眼帘的是弥勒佛，笑脸迎客；而在弥勒佛的背面，则是黑口黑脸的韦陀。据说在很久以前，弥勒佛和韦陀并不在一个庙里，而是分别掌管不同的寺庙。弥勒佛热情快乐，所以来拜他的人很多，但他什么都不在乎，丢三落四，不能很好地管理账务，虽然来的人多，但仍是入不敷出；而韦陀虽然在管账方面是把好手，但成天阴沉着脸，太过严肃，结果来拜他的人越来越少，最后甚至香火断绝。

佛祖在检查香火的时候发现了这个问题，于是把他们放在了同一个庙里，由弥勒佛负责接待来朝拜的人，笑迎八方客；让韦陀负责管理财务，严格把关。在二人的分工合作下，庙里呈现出一派欣欣向荣的景象。其实，这就是委派任务的艺术。

可见，佛祖就是一个善于委派任务的优秀领导。根据弥勒佛和韦陀的不同特点，让他们分处不同的岗位，果然，庙里的香火更加旺盛。

既然明白了委派任务的重要性和好处，领导者就应该掌握在委派任务时的说话技巧。下面总结了一些在委派任务时针对不同下属使用的语言技巧：

1.缺乏信心、不够大胆的下属

一个企业里不乏一些做事情缺乏自信心、不够大胆的下属，领导者在给他们分派任务时，就要特别关照，将任务进行详细的说明。然后，还要激励他们："这个任务，以你的能力完全胜任，努力去做吧，你一定能够给我一个惊喜。"这样至少能让他们缺乏自信的精神状态变得振作。另外，如果有必要，还可以做一些比较适用的动作。如拍拍下属们的肩膀或后背部，这些动作的鼓励是相当有效的。

2."工作狂"式的下属

在企业里有这样一种下属：他们最大的乐趣就在于他们最想做的事儿，对于任务的本身他们抱有极大的兴趣，任务就是爱好，使他们乐此不疲，得到极大的满足，他们的创造力会在工作的过程中得到极大的发挥，这种类型的下属就是领导者特别喜欢的"工作狂"式的下属。

领导者在对这种类型的下属委派任务时，就没有必要将任务讲得过于详细，只需要谦逊地对他们说一句："对这种工作，你是专家，比我在行，就等你的好消息了。"应该把充足的时间和空间留给他们，以便他们展示个人的创造才能。

3.好胜而自负、进取心极强的下属

无论在任何一家公司或企业，都会有"好胜心强"的下属存在，这些人的特点就是，好胜心强，但同时又很自负、进取心极强。

领导者在给这种类型的下属分派任务时，最好能用一句话触动他们那根“好战”的神经，如这样一句话：“这个任务对你有困难吗?要是感觉力不从心的话，我再考虑一下别人……”这种类型的下属往往不等你说完就会直接说：“等结果吧！”得到他们带有轻蔑的口吻或不屑一顾的回答时领导就可以收场了，因为你的目的已经达到了。

4.年长的下属

这种类型的下属在企业或公司里往往不多见，如果有，基本上都在技术部门。他们岁数比较大，精力有限，但是企业或公司需要他们用成熟且老练的技术去完成属于他们的那类工作。领导在对这些下属分派任务时，首先要持有谦虚的态度，切记尊重他们的意见，体谅他们的难处。

在分派任务结束时可以这样对他们说：“这个任务的完成最需要的就是你那丰富的经验和熟练的技巧；如果有什么其他的意见或问题，希望你立即向我提出来，我会尽我最大能力、以最快速度帮你解决。”也许几句谦逊的话会让这些年长的下属的心得以慰藉，从而焕发出青年时代的干劲和热情。

5.“唯利是图”的下属

在一个公司里，讲实惠、求利益的下属大有人在，他们关心的不是任务的本身，而是在完成任务后的所得利益，这类人被称为“唯利是图”的下属。

领导者在给这种下属分派任务时，最好能够轻描淡写，必要时可以告诉他们出色漂亮地完成任务才是谈论其他东西的前提。

管理者要多站在下属的立场上

一个领导能够站在下属的立场上去说话，是理解下属的最好方法。一个不能理解下属的领导，同样也不会得到下属的认可。在职场中，很多领导特别喜欢抱怨下属，认为他们只知道为自身考虑，从来不懂得理解领导，这个时候，领导为什么不去反思一下自己的言行呢？也许更多的原因在于你自己。换个角度，多为下属考虑考虑，也许你就会发现，一切变得不一样了。

当你和下属沟通的时候，如果你能够多说为对方考虑的话，那么，你不仅掌握了一个高明的、融洽人际关系的交往原则，也会因此得到下属的信任，使其对你更忠诚。

素有“经营之神”之称的日本松下电器创始人松下幸之助有一次在一家餐厅招待客人。当时一共是六个人，大家都点了牛排，等大家都吃完主餐后，松下幸之助让助理去请烹调牛排的主厨过来，并强调说：“记住，把主厨找过来，不要找经理。”助理没有问为什么，但是，看到松下幸之助的牛排只吃了一半，他心想一会儿的场面一定会很尴尬。

主厨过来时非常紧张，因为他知道请他出来的这个客人很有来头。他紧张地问松下："您好，是不是牛排有什么问题？"松下回答说："烹调牛排，对你来说已不成问题，但是我只吃了一半，主要原因不在于你的厨艺，牛排真得很好吃，你也是位非常出色的厨师，但是我已经80岁了，胃口大不如前了。"听到松下这么说，在场的几位用餐者都感到非常困惑，不知道松下是什么意思，只听松下继续说道："我之所以找你来当面交谈，是因为我担心，当你看到只吃了一半的牛排被送回厨房后，心里会难过。"

松下的话让主厨非常感动，因为他认为自己备受尊重。

还有一次，松下幸之助对他公司的一位部门经理说："我每天要作很多决定，还要批准他人的很多决定。实际上只有40%的决策是我真正认同的，余下的60%是我有所保留的，或者是我觉得过得去的。"经理觉得很惊讶，假使松下不同意，大可一口否决。

如果你是那位主厨或者是那个部门经理，听到松下的话，你有什么感受呢？是不是会觉得备受尊重？深得下属认可的领导，可以称得上是下属最愿意追随的好领导，这样的领导往往是懂得换位思考的人，他们懂得站在下属的立场上去说话，设身处地地为下属考虑。这个时候，下属一定能体会到，并为领导对他的尊重所感动。最终，领导会发现，自己的这份"关怀"得到了很好的回馈。

王婷是一家公司的市场部经理，一天，王婷由于工作疏忽，没有经过仔细检查研究，就批复了一位职员的为美国某公司生产3万部高档相机的报告。而当产品准备报关时，王婷发现，那位职员早已经跳槽到其他公司了。这就意味着公司的货物一到美国就会无影无踪，货款也自然会打水漂。

这下可把王婷急坏了，一时之间不知道怎么办才好。正当她一个人在办公室里焦虑不安时，老板走了进来，王婷觉得事情不妙，没等老板开口就坦诚地说："这一切都是我的错，我一定会尽最大努力为公司挽回损失的。"说完之后，王婷等着老板的指责，可是没有想到的是，老板非但没有发火，反而安慰她说："没关系，没有哪个员工不犯错误。调整一下心态，振作起来，我相信你一定可以帮助公司挽回损失的。"听到老板的话，王婷备受感动。在之后的一个月时间里，她亲自到美国考察了一番，经过努力，她联系上了另外一家客户，出的价钱要比之前那家还高。回来后，王婷受到了老板的嘉奖。

其实，在王婷犯错误的时候，老板大可将其狠狠批评一番，但是王婷的老板并没有这样做，他设身处地地为下属考虑、体谅下属，王婷自然会对其更忠诚，对工作上的事情更上心，所以，她很快就为公司弥补了损失。因此，作为领导，在和下属沟通的时候，你应多说一些为下属考虑的话，只有这样你的下属才会从内心接受你，并且更加忠诚于你。

然而在职场中，我们经常看到这样的情形，当员工没有把事情做好时，领导会批评说："连这点事情都做不好……"而员工则心想："你把所有权力都抓在自己手上，又不提供任何帮助，做不好也不能怪我。"其实，如果在做事情之前，双方都能够多为对方多考虑一番——领导充分咨询下属意见，并给予指导；下属在工作中多从领导角度出发，及时向领导汇报情况，那么结果肯定会大不一样。

虽然员工是为领导打工，但是他们也希望公司可以发展得更好，因为这样他们就可以从中受益。所以，身为领导，要想双赢，你就要多说一些为下属考虑的话。

第10章

领导者的应变口才，化解矛盾有高招

现如今，处理自身与下属和下属之间的矛盾已经是一个领导者日常工作不可缺少的一部分。实践证明，一个领导如果不能及时、巧妙地处理好这矛盾，不但会降低领导的威信，还会影响整个部门的工作效率。如果矛盾进一步发展，则会引起更上一级领导的重视，使其对你的工作能力产生严重的质疑。因此，正确处理自身与下属和下属间的矛盾，是现代领导者必备的一项基本功。

一语中的，针对性地化解矛盾

有句话是这样说的："上牙没有不碰下牙的。"意思就是说，人与人相处，没有不闹矛盾的。产生矛盾不可怕，关键在于产生了矛盾必须及时解决。否则，日积月累，小矛盾也会变成大矛盾，小问题也会变成大问题。

领导者也是一样，在与下属相处的过程中，领导与下属、下属与下属之间都会产生矛盾和各种问题，这是正常现象。重要的是，出现矛盾和问题要及时解决。作为管理者，领导究竟该如何解决问题、化解矛盾呢？其实，想要及时、恰当地解决问题和矛盾，很重要的一点就是要分析清楚，找到主要矛盾，或者说对问题有准确的界定，准确找到矛盾的症结所在。这样才能对症下药，有的放矢。

骆驼村坐落在偏僻的山脚下，村子里有两户人家，一家姓陈，一家姓李。开春的时候，李家准备在陈家房屋的一侧盖新房，打完地基准备砌墙，原料需从陈家侧墙旁边运入。不巧的是，陈家墙边有一条排水沟阻隔，必须把沟填平，拖拉机才能通过。一天上午，李家没有跟陈家商议，就把那条排水沟填平了。中午，陈家的三个儿子回家之后发现排水沟被填平了，顿时怒从心头起，便拿起了锄头、铁锹，要把排水沟重新挖开。李家父子三人发现后前来阻拦，互不相让，在旁边劝说的邻居不在少数，但都无济于事。一场令人骇然的械斗，一触即发。

就在此时，一位大约50岁的长者站了出来，两只手各拍着陈家、李家大儿子的肩膀说："年轻人血气方刚，我认为你们各自都有一定的理由。不过，我不得不告诉你们，不要喜事未成、悲剧先演啊！"然后顺势走到李老头身边说："老头子，我看你福气蛮不错嘛！你看，你的两个儿子身强力壮，新屋不久就可以建成了，再娶进两个儿媳妇，那真是多喜临门啊，但如今一旦动起武来，就是两败俱伤，这是多恼人、多不吉利的事情啊！"

然后，他又转头对陈家的三个儿子说："你们的心情可以理解，填了水沟，下雨时雨水就会漫入你们家。不过，建房造屋，一辈子能有几次呢？大家都在一个村子里住着，应该有个谅解和帮助嘛！更何况，以后你们就是邻居了，远亲不如近邻啊，更应该有个照应才是。为了这么一条排水沟，你们大闹一场，以后见面是啥滋味？我看大家就不必计较这些了。"老人家顿了顿，然后对陈家的三个儿子说："你们就让他们把原料运进去，运完后，他们一定会把排水沟恢复的。如果这两天下雨，我相信老李家绝不会袖手旁观的，一定会采取临时性的排水措施的。"

陈家和李家都觉得老人家说的话有理，于是都点头同意了。一场即将发生的流血事件就这样被这位老人家化解了。

从以上这位老者化解矛盾的过程不难看出，老先生巧妙地使用了说话技巧。老先生先是道出了两家发生矛盾的关键点在于李家没有经过陈家的同意就填平了排水沟，除此之外，两家并没有什么深仇大恨，这就是两家矛盾的症结所在。然后老先生根据这一症结分别引导双方从好坏对比的结果中去考虑打架的严重后果，待双方都冷静下来之后，又引导他们各自意识到自己的做法不正确，沟通他们的思想，使两家都产生宽容心理，最后提出了合情合理的解决方案，使矛盾得到了完美的解决。

因此，领导者在解决矛盾的时候，不能盲目，必须讲究策略。应该先认真分析，作好对矛盾的界定，找到产生矛盾的症结所在，然后再针对症结采取相应的措施。只有这样，矛盾才能够得到完美的解决。

有些领导在处理自身与下属之间，或者下属与下属之间的矛盾时，往往操之过急，总想尽快使矛盾得到平息或解决，尚未在找到矛盾症结的情况下，就慌里慌张地着手解决矛盾。这样做的后果往往只有一个，那就是矛盾不但没有得到很好的解决，还有可能进一步破坏矛盾双方的关系，使之进一步恶化。所以，领导者在面对已经发生的矛盾时，切记：矛盾不可怕，只要找准了产生矛盾的症结，解决起来就是轻而易举的事情。

风趣言语，让气氛更和谐

在日常工作中，领导和下属免不了因为工作上的问题或意见不统一而发生一些矛盾，如果领导仗着自己的身份，不分轻重地直言以对，很容易伤了彼此的和气。同时，对于那些分不清楚有意还是无意的言语冒犯，有时也需要用技巧"挡"回去。因此，应对的技巧显得尤为重要。而巧用幽默话语就是一种很好的撮合技巧。

一辆行进中的公交车，由于司机的紧急刹车，导致全车的乘客猝不及防，车厢里一位男子撞到了一位女孩身上。

这位女孩看起来非常生气，便冲着那个撞她的男子骂了一句："德性！"

可是那位男子并没有生气，而是立即对这个女孩子解释道："对不起，这和'德性'无关，这只是'惯性'。"

顿时，这位男子的一句话引发了全车人的大笑。"德性"是骂人缺德，这位小伙子当然知道，但是，若是在这种场合一本正经地对小姑娘解释，或是回敬她一句更不好听的话，很可能引起两个人的争吵。而这样一句"惯性"，既是对自己没有站稳的科学解释，又是对姑娘难听话的最好纠正和回敬。车上的乘客纷纷对这位男子竖起了大拇指。

果然，姑娘听后不再生气，反而微笑着对这位男子报以歉意。

潜在的风波被男子幽默的语言化解了。

还有这样的一个故事：

刘晓是某卫生学校的一名老师，因为班级里的女生占了一大半，所以，教室里整天叽叽喳喳，吵个不停。年轻而又性格内向的刘老师感到很烦躁，于是忍不住对班上的女生说："你们叽叽喳喳说个不停，实在是太吵了。你们一个女孩子简直就相当于500只鸭子！"

没过多久，从外面跑进来一名女同学向刘老师报告说："老师，外面有1000只鸭子找你呢！"女同学的话一时间把刘老师说愣了，他感到莫名其妙，走出教室一看，原来是自己的女同学和女朋友找自己。回到教室后，刘老师对着女同学不好意思地笑了。

这位女生的语言很巧妙。在面对老师的讽刺时，她并没有当面反驳，避免了矛盾的产生和进一步激化，而是在有机会时用幽默睿智地化解了与老师的矛盾，保持了彼此的和气。

透过那位男子和女同学的幽默，我们可以感觉到，幽默不仅是一种性格，还是一种高明的处世哲学，能有效地化解人与人之间的矛盾，使之归为和气。

有一位作家曾经这样写道：幽默是一种动人的智慧，是一种穿透力，能一两句话就把那畸形的、讳莫如深的东西端出来。它包含着无可奈何，更包含着健康的希冀。幽默是人际交往中的一种润滑剂，它往往通过大家同笑的方式来弥补人与人之间的思想鸿沟，架起感情沟通的桥梁，增加人与人之间的信任。

由此可见，幽默的力量是无可替代的。幽默是人际关系的润滑剂，更是一座沟通领导与下属心灵的桥梁，与幽默的领导相处，每一位下属都会感到无比地快乐。领导者可以使用幽默的语言来化解与下属之间的矛盾，这样做不仅不会伤害下属的情感，同时还能捍卫自己的利益和尊严。因此，对于领导来说，掌握了幽默的语言技巧，巧妙地运用幽默的力量，就等于找到了化解与下属之间矛盾的一把钥匙。

以下是不同方式展现的幽默，可供领导们体会和参悟：

1.自嘲的方式

自嘲，就是自我解嘲。幽默里有一条重要原则，就是宁可取笑自己，绝不轻易取笑别人。有一位名人说过："笑的金科玉律是，不论你想笑别人什么，先笑你自己。"换一个角度来讲，自嘲，其实也是一种自信的表现，本身就是一种幽默。

当领导和下属发生矛盾的时候，领导采用自嘲的方法能够起到很好的调节矛盾的作用。

2.幽默要表达的是善意

友善的幽默表达的是人与人之间的真诚友爱，它能拉近人与人之间的距离，填平彼此之间的鸿沟，是和他人建立良好关系的不可缺少的纽带。当一个人与他人关系紧张时，即使到了一触即发的时候，幽默也可以使彼此摆脱不愉快的窘境，消除彼此之间的矛盾。

一天，英国著名文学家萧伯纳在街上行走，被一个骑自行车的冒失鬼撞倒在地，幸好没有受伤，只是虚惊一场。

但是骑车人很紧张，一个劲儿向萧伯纳道歉，萧伯纳一副惋惜的表情说："哎，先生，你的运气不佳，如果你把我撞死了，你就可以名扬四海了。"

适时幽默或示弱，缓和尖锐矛盾

人与人之间相处，常常因为利益、立场、观点、地位的不同而处于相互对立的位置上，这个时候说话难免会有中伤与被中伤的情况。而相互攻击、相互中伤的时候气氛难免会紧张，这个时候要求我们学会使用一些语言上的技巧，使得气氛慢慢缓和，这样就能避免双方感情用事、使对话无法继续，从而使双方的关系不至于闹僵。

第二次世界大战期间，美国、英国、苏联三国在德黑兰举行首脑会议。会议的气氛完全由斯大林控制，通过的决议也是由斯大林提出来的。

美国总统罗斯福和英国首相丘吉尔感到很不舒服，他们商量好要戏弄斯大林一番。

一天早上，会议开始前，丘吉尔点燃了一支雪茄烟说："我昨晚上做了一个梦，梦见我变成了全球的主宰。"

丘吉尔的话音刚落，罗斯福就说："我也做了个梦，梦见我成了宇宙的主宰。斯大林元帅，不知道你梦见了什么？"

斯大林看了这两位一眼，不紧不慢地说道："我确实也做了一个梦，我梦见我既没有批准对丘吉尔先生的任命，也没有批准对罗斯福先生的任命。”

丘吉尔和罗斯福被这意想不到的回答震住了，互相望了一眼就哈哈大笑起来。

斯大林元帅的回答幽默风趣，顿时缓和了紧张的气氛。幽默是一门逗人发笑的艺术，而笑是矛盾的调和剂，利用幽默调和人与人之间的危机，能让双方云开雾散、握手言和。

当然，不只是幽默才具有缓和气氛、解除紧张关系的作用。如果两个人之间的矛盾刚刚发生，或是已经过去了一段时间，那该怎么办呢？下面这一则故事中的伊丽莎白会告诉你。

伊丽莎白和约翰是兄妹，在感恩节这一天，他们为了两星期前一件微不足道的小事吵了起来，而且升级为一场大战。现在，他们见面都不说话。伊丽莎白很想和哥哥和解，于是她主动给哥哥打电话说：“哥哥，我是伊丽莎白，我想真诚地对你说一声‘对不起’，那天全是我的错。你知道，我一直很尊重你。那天我昏了头，想都没想就和你大吵大叫了起来，你能原谅我那天愚蠢的行为吗？”

约翰说：“当然，伊丽莎白。那天也不全是你的错，我也感到很抱歉。”

你看，约翰已经知道了不全是妹妹的错。当伊丽莎白主动揽过所有的责任时，她的示弱已经显示出了她的承诺和诚挚，这也就迫使她的哥哥约翰不得不检讨自己在这场争论中的责任。如果伊丽莎白将这场争论的部分责任归在约翰的身上，那她极有可能激怒对方，并使两个人之间的冲突升级；而伊丽莎白采用聪明的解决方式有效地解除了对方的戒备之心，并很快地缓和了双方紧张的气氛，使二人的关系顺利地走上了和平之路。

有时候，领导在与人交流的过程中会出现僵局，双方都坚持己见，相持不下。如果出现这种情况，领导应努力保持冷静，设法缓和谈话气氛，或改变话题，甚至可以中止谈话，待以后再进行——当然，这只是暂时的停止。

要打破僵局、缓和气氛并不是一件容易的事情，这要求领导者不仅要具有智慧，还应有涵养和风度，不怕被拒绝，想方设法地与对方建立心理相容关系，以缩小或消除双方之间在心理上的距离。具体做法如下：

1.揽过全部责任

为自己的言行或为某种僵局承担起全部责任，而不是去指责对方，做到这一点，你就掌握了迅速打开恢复双方关系大门的钥匙。

人们常犯的一个错误就是，总是随意地批评对方："你做的事情让我很失望……"或者："原本我就觉得那样做不对……"记住，不要因为他人或你的任何行为而去责怪对方，不要刻意降低自己在错误中应该承担的责任。

向对方解释你所作所为的严重性，不要指望把双方的责任划分得那么明确。如果有必要，你可以有意识地夸大自己应该承担的那部分责任，你身上的责任越重，或你把自己的问题说得越严重，对方对你也就越宽容。这样一来，紧张的气氛自然会得到缓和，也就为矛盾的进一步解决营造了良好的氛围。

2.请求原谅

诚恳地请求对方原谅，让对方处在一个主动的位置上，这是你必须要做的弥补错误的一部分，这样才有可能巩固你和对方和平相处的战略。

巧施技法，解决双方冲突

在生活中，这样的情况随时可见：一句话说得不留神，也许就伤害了别人的自尊心，使人下不来台。被你伤了自尊心的人自然不会善罢甘休，因此，很快就会有一场矛盾或危机爆发。即使你最后赢了这场争执，你也失去了自己的形象。何苦而为之呢？

而在百货商场上班的丽娜就是一个聪明的女孩儿，她有一次在跟顾客交涉的时候并没有拆穿顾客的谎言，而是略施小计，化解了一场矛盾，结果赢得了尊重。

有一天上午，有一位顾客来到商场，要求退回上周买的外套。她反复辩解说“绝对没有穿过”，要求退掉。主管吩咐丽娜去接待这位大姐。

丽娜仔细地检查了衣服，发现有明显干洗过的痕迹，但是她的经验告诉她，绝对不能直接向这位大姐说明这一点，她是不会轻易承认的，因为她已经强调多次“绝没穿过”，而且伪装了穿过的痕迹。丽娜如果直说，双方可能就会因此产生争执，更可能产生矛盾。

于是，丽娜面带笑容地说：“我很想知道你们家的某位成员是否把这件衣服错送到了干洗店了。我记得我们家就发生过一件这样的事情。我把一件刚买的衣服和其他一些衣服堆放在沙发上，可是我老公没有注意，把那件新衣服和一堆脏衣服一起放进了洗衣机里。我想您可能也遇到了类似的情况，因为这件衣服能明显看得出已经被洗过的痕迹。不信的话，您可以跟其他衣服比较一下。”那位大姐看到真相败露，知道再也无法狡辩，而丽娜又给了她一个台阶下，于是顺水推舟，拿着衣服走了。

从上面整个处理退货的过程中不难看出，丽娜的思维非常灵活。她帮助顾客找到的“理由”一下子说到了顾客的心里，让对方不好意思继续坚持下去。在整个过程中，丽娜给足了顾客面子，并没有当众拆穿她，而是给她保留了一份尊严，一场冲突或矛盾就这样避免了。丽娜这样做，不但给对方保留了尊严和面子，更使自己赢得了尊重。

在企业中，很多下属把面子看得比什么都重要。在遇到矛盾时，领导者如果不懂得为下属保留一份尊严、不给他台阶下，只会使矛盾愈演愈烈。还有，下属也是人，也有做错事、说错话，甚至得罪人的时候，如果领导只知道以牙还牙，只会使事态变得越来越严重。其实，在很多时候，领导者不妨帮助下属找一个“台阶”——一个犯错的理由，帮助对方保留一份属于他自己的尊严，这样反而能使对方产生愧疚感，自动改正错误，悄然解决矛盾。

崔老师就是善于帮助别人找“台阶”的人。

有一天，刚下课，班上的一位女同学就来找崔老师反映，昨天她爷爷送给她的生日礼物——一支黑色派克钢笔不见了。崔老师听完后，就站起来环视了一下教室里的学生，发现坐在这位女生旁边的一位男生神色慌张、脸色苍白。

此时，崔老师已经知道了事情的真相。但她并没有当全班同学的面指出来，一是没有证据，二是怕伤害了那位男生，这也是最主要的原因。崔老师沉默了一小会儿，说：“别着急，我想应该是哪位同学拿错了，主要是黑色的钢笔在班里太多了，互相拿来拿去也正常。我想只要一会儿错拿你钢笔的人发现了，肯定会还给你的。”果然，在第二堂课的下课期间，这位女同学的派克钢笔又回到了她的桌子上。

可想而知，如果崔老师当面指出那位男同学的偷盗行为，这不仅会伤害到一个小孩子的尊严，还会给他的心灵蒙上一层阴影，更严重的是会对其一生产生影响。

领导者也是一样，在面对下属的错误时，不能抓住他的失误不放，不能小题大做，否则会让对方感觉自己丧失尊严。倘若你有拿别人的失误取乐之嫌，更会伤害下属的自尊。

优秀的、聪明的领导者往往遵循这样一条原则：“努力使人感到他的尊严。”那具体如何做呢？

1.不在争论中抢占上风

真正优秀的领导是很少与人争吵的。本杰明·富兰克林说过：“如果你与人争论，尽管有时也会胜利，但是这样的胜利毫无意义，因为你没有赢得争论对手对你的友善态度。”一场毫无意义的胜利与别人的支持相比，孰轻孰重，领导者应该很清楚。

领导者还要明白的是，能讨论的时候绝对不要“争论”，尽管只有一字之差，但是效果有千差万别，正所谓“差之毫厘，谬以千里”。

2.善于帮助别人找台阶

这一方法在上文中已经有所讨论，在这里不作赘述。

总之，不管在什么样的情况下，领导者都应该给下属留有尊严。如果下属不小心冒犯了你，不妨大度点，不要事事斤斤计较，更不要反应过激。只需要指出下属错误所在即可，不要使其难堪，甚至伤其尊严。

面对下属争执，尽量公平公正

在企业中，有很多领导都有这样一个愿望，就是希望下属之间永远没有矛盾，永远能够和睦相处，这样大家就能拧成一股绳，一起为企业的发展贡献力量。但是，越是美好的愿望往往越难以实现。原因很简单，因为每个下属的性格、年龄、个人习惯、期望、价值观和工作风格等都有所不同，所以下属之间产生矛盾或冲突是难免的。

当下属之间产生矛盾时，当事双方都会心情不好，整个团队就有可能被一种充满敌意的氛围所笼罩，当事双方工作上的积极性也会因为矛盾而降低，甚至会影响到整个团队的战斗力。因此，领导者在下属之间产生矛盾时，应该及时处理和调解，并且在处理这种矛盾时做到不偏不倚、客观公正，必须一碗水端平。

小夏是一家大型电器公司的生产计划员，负责制订生产计划以及跟进工作。有一次，采购员小莉订购的一套物流未按期交货，影响了生产进度，导致生产计划未能如期完成。小夏一时生气，加上此女性格比较直爽，心直口快，所以与采购员小莉发生了激烈的争吵，两人还发生了激烈的冲突。最后在两人快要打起来的时候，幸亏周围的同事及时拉开了她们，才避免了两人之间的矛盾进一步升级。

虽然架没有打成，但这件事情并没有结束。在日后的工作中，小夏和小莉两人互存不满，明争暗斗。两人作为同一部门人员，在一起办公，抬头不见低头见，每天还要打交道，还要配合完成工作，如此下去，往后的工作怎么能够开展得顺利呢？

王经理决定介入此事，对两个人进行劝和，调解二人紧张的关系。王经理不愧是商场“老狐狸”，采用的劝和方式也与众不同。他私下里分别找小夏和小莉进行谈话。他首先找到小夏，对她说：“我刚才找小莉谈话了，她对你们之间的矛盾冲突表示歉意，让我帮忙说声‘对不起’，希望你能原谅她，以后还要一起工作呢。”

王经理这样一说，小夏就赶忙说：“哦，这是真的吗？其实，主要是我做得不好，都怪我太冲动，没有控制好我自己的情绪，要说抱歉的话应该是我先说，我原谅她，也希望她不要记恨我，以后好好合作。”

王经理从小夏那里出来紧接着就去找小莉，并将小夏的那番话转告给她，小莉感到很惊讶，赶忙向王经理说：“那次冲突是因为我的错才导致的，我要负主要责任，她能原谅我，我真的很感动，我保证日后好好跟她相处。”

最后，王经理把小夏和小莉叫到一起，让她们握手言和。就这样，两个下属之间的矛盾被王经理解决了。

在一个集体中，如果同事之间的关系不和谐，势必会影响整个集体的凝聚力，更会导致整个集体的工作效率大大降低。因此，为了避免这种不和谐的出现，领导者必须及时处理下属之间的矛盾或冲突，令他们的关系保持融洽。上述故事中的王经理在这方面做得就很好，能及时站出来调节两位下属之间的矛盾。更重要的是，他在解决矛盾的时候坚持了一个原则——不偏不倚，既不偏向小夏，也不偏向小莉。

对于下属之间的矛盾或冲突，如果领导者不去调节，甚至无动于衷，那么，拖得越久，矛盾就越难以消除。如果双方在公共场合发生争执，对其他下属之间的正常关系也会造成不良影响，甚至影响到整个团队的工作热情和工作效率，对企业的长远发展是极为不利的。因此，尽快化解矛盾或敌对状态，是极为必要的。

矛盾要及时地解决，但是在解决的时候必须注意几个问题：

1.要找出矛盾产生的根源

在下属与下属之间爆发矛盾时，领导者要在第一时间弄清楚产生矛盾的原因，这样才能对症下药。另外，领导者还要了解矛盾发生的过程和激烈程度以及造成了多大的影响。

2.实行“不偏不倚”的处理原则

领导在处理矛盾时，要做到心里有数，“一个巴掌拍不响”，矛盾肯定是双方共同造成的，不可能是单方面的原因。因此，在处理时，要秉持“不偏不倚”的原则，要公正对待制造矛盾的当事人，一碗水端平，不能因为个人的喜好而偏袒任何一方。

如果不注意说话技巧，言语中对任何一方流露出偏袒之意，就会使另一方感到不服，很容易激化矛盾，使矛盾更加复杂化，不利于矛盾的解决。

参考文献

[1]宋学军.领导口才[M]北京：九州出版社，2004.

[2]魏建松.领导干部口才学[M]北京：海潮出版社，2012.

[3]兰晓华.领导者必须掌握的口才技巧[M]北京：中国致公出版社，2012.

[4]鲁克德.领导口才是练出来的[M]上海：立信会计出版社，2016.